BURITI MIRIM 1
Educação Infantil

Organizadora: Editora Moderna

Obra coletiva concebida, desenvolvida e produzida pela Editora Moderna.

Editora Executiva: Maria Virgínia Gastaldi

Acompanham o *Buriti Mirim 1*:
- **Caderno de trabalho pessoal**
- **Caixa de jogos**
- **Caderno de cenários**
- **Caderno da família**

2ª edição

© Editora Moderna 2010

Elaboração dos originais

Maria Virgínia Gastaldi
Mestranda em Psicologia da Educação, bacharel e licenciada em Ciências Sociais pela PUC de São Paulo. Coordenadora de Educação Infantil e professora em escolas públicas e particulares de São Paulo. Formadora de professores e coordenadores em escolas públicas e particulares. Membro da equipe de elaboração do RCNEI. Editora.

Alessandra Corá
Pós-graduanda em Especialização em Alfabetização pelo ISE – Instituto Superior de Educação Vera Cruz. Pedagoga pela UniFai de São Paulo. Professora de Educação Infantil e Ensino Fundamental e orientadora em escolas públicas e particulares de São Paulo. Editora.

Aline Corrêa Souza
Assistente social pela Universidade Gama Filho. Graduanda em Pedagogia pela Universidade Luterana Brasileira. Formadora, assessora e professora de Educação Infantil e Ensino Fundamental em escolas públicas e particulares de São Paulo e Rio de Janeiro.

Ana Lúcia Bresciane
Psicóloga pela PUC de São Paulo. Coordenadora pedagógica e formadora de professores de Educação Infantil em escolas públicas e particulares.

Luciana Camargo
Pedagoga pela Universidade de São Paulo. Professora de Educação Infantil e Ensino Fundamental em escolas particulares de São Paulo.

Daniela Panutti
Psicóloga e mestranda em Psicolinguística Aplicada pela Universidade de São Paulo. Orientadora e assessora de Educação Infantil em escolas particulares de São Paulo.

Denise Tonello
Pedagoga pela Universidade de São Paulo. Coordenadora, professora e assessora de Educação Infantil e Ensino Fundamental em escolas particulares de São Paulo.

José Plácido Nogueira
Graduado em Educação Física pela Universidade de Santo Amaro. Professor, formador e capacitador de professores de Educação Física na Educação Infantil e Ensino Fundamental em escolas particulares de São Paulo.

Adriano Tambelli
Licenciado em Educação Física pela Unesp de Rio Claro. Professor, formador e assessor de Educação Física em escolas particulares de São Paulo. Atua em projetos sociais e associações.

Heloísa Pacheco
Graduada em Artes Plásticas pela Faculdade de Belas Artes de São Paulo. Especialista em Arte Educação pela Universidade de São Paulo. Formadora de professores de Educação Infantil e Ensino Fundamental de escolas públicas e particulares de São Paulo.

Coordenação editorial: Maria Virgínia Gastaldi, Alessandra Corá
Edição de texto: Alessandra Corá
Assistência editorial: Rosa Chadu Dalbem
Preparação: Renato da Rocha
Leitura crítica: Andrea Barletta Brahim, Josineide André de Barros, Margarida Maria Vieira Rosa, Sonia Barros dos Santos Carvalho
Coordenação de *design* e projetos visuais: Sandra Botelho de Carvalho Homma
Projeto gráfico: Marta Cerqueira Leite
Capa: Marta Cerqueira Leite
   Arte e fotografia: Carlo Giovani Estúdio
Coordenação de arte: Maria Lucia Ferreira Couto
Edição de arte: Ana Miadaira, Patricia Costa
Editoração eletrônica: Estúdio Criare
Ilustrações: Glair Arruda, Renato Moriconi, Simone Matias, Tati Móes
Vinhetas: Paulo Manzi
Coordenação de produção gráfica: André Monteiro, Maria de Lourdes Rodrigues
Coordenação de revisão: Elaine Cristina del Nero
Revisão: Afonso N. Lopes, Luís Maurício Boa Nova, Nancy H. Dias, Renato Tresolavy
Coordenação de pesquisa iconográfica: Ana Lucia Soares
Pesquisa iconográfica: Elizete Moura Santos, Evelyn Torrecilla, Luciano Baneza Gabarron e Odete Ernestina Pereira
Coordenação de *bureau*: Américo Jesus
Tratamento de imagens: Arleth Rodrigues, Bureau São Paulo, Fabio N. Precendo, Pix Art, Rubens M. Rodrigues
Pré-impressão: Alexandre Petreca, Everton L. de Oliveira Silva, Helio P. de Souza Filho, Marcio Hideyuki Kamoto
Coordenação de produção industrial: Wilson Aparecido Troque
Impressão e acabamento: Lis Gráfica
Lote: 206306

Dados Internacionais de Catalogação na Publicação (CIP)
(Câmara Brasileira do Livro, SP, Brasil)

Buriti Mirim, 1: educação infantil / organizadora Editora Moderna; obra coletiva concebida, desenvolvida e produzida pela Editora Moderna; editora executiva Maria Virgínia Gastaldi. — 2. ed. — São Paulo : Moderna, 2010. — (Coleção Buriti Mirim)

Inclui o Caderno de trabalho pessoal, a Caixa de jogos e o Caderno de família. Suplementado por Guia e Recursos Didáticos, Jogos cooperativos e Livro de histórias.

1. Educação infantil I. Gastaldi, Maria Virgínia. II. Série

10-01318   CDD-372.21

Índice para catálogo sistemático:
1. Educação infantil : Educação   372.21

ISBN 978-85-16-06721-2 (LA)

Reprodução proibida. Art. 184 do Código Penal e Lei 9.610 de 19 de fevereiro de 1998.
Todos os direitos reservados
EDITORA MODERNA LTDA.
Rua Padre Adelino, 758 - Belenzinho
São Paulo - SP - Brasil - CEP 03303-904
Vendas e Atendimento: Tel. (0_ _11) 2602-5510
Fax (0_ _11) 2790-1501
www.moderna.com.br
2016
Impresso no Brasil

MEU LIVRO

MEU NOME É:
___

MINHA ESCOLA SE CHAMA:
___

O NOME DO (DA) MEU (MINHA) PROFESSOR(A) É:
___

TENHO _____ ANOS.

SUMÁRIO

Unidade 1 •	Prazer em conhecer	5
Unidade 2 •	Minha escola, meus amigos	21
Unidade 3 •	Na fazenda	37
Unidade 4 •	Meu corpo	53
Unidade 5 •	Lá vem o circo	69
Unidade 6 •	O pomar	85
Unidade 7 •	Filhotes	101
Unidade 8 •	Gosto de aprender	119

ÍCONES

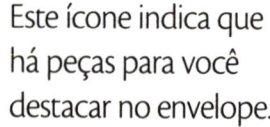 Este ícone indica que há peças para você destacar no envelope.

 Estes dados indicam que há um novo jogo no envelope para você.

Os ícones e as cores indicam os eixos de aprendizagem.

 Exploração e conhecimento de mundo

 Desenvolvimento pessoal e social

 Linguagem e comunicação

 Relações matemáticas

 Corpo e movimento

 Expressão e apreciação artística

UNIDADE 1

PRAZER EM CONHECER

- Peça a um adulto de sua família que escreva seu nome no espaço da canção.

BRINCANDO COM NOMES

SE EU FOSSE UM PEIXINHO

E SOUBESSE NADAR

EU TIRAVA O(A) _____

DO FUNDO DO MAR.

Da tradição popular.

- Peça a um adulto de sua família que conte e registre como foi a escolha do seu nome e o que ele significa.

Fique atento e não se esqueça do significado e da história do seu nome para você contar aos colegas.

A ESCOLHA DO MEU NOME

Vamos conversar sobre idades?
Você sabe sua idade?
E a de seus colegas?

- Observe as velas do bolo e pinte aquele que tem a quantidade de velas correspondente à sua idade.

QUANTOS ANOS VOCÊ TEM?

1

2

3

4

Na sua opinião, quais brinquedos e objetos são só de bebê? Quem cresce não faz mais uso deles?

Há brinquedos só de meninas ou de meninos, ou é divertido brincar com todos eles?

- Desenhe ou recorte de revistas objetos e brinquedos que são mais usados por bebês e crianças.
- Cole-os nos espaços correspondentes.

DE QUEM SÃO OS BRINQUEDOS?

Como é a sua família? Com quem você mora? Quantas pessoas moram na sua casa? E na dos seus colegas de classe?

- Alguma dessas fotos lembra a sua família?
- Faça um desenho das pessoas que moram com você.

MINHA FAMÍLIA

Você mora em casa ou em apartamento?

Como é o lugar onde você mora?

- Escolha entre as figuras a casa que mais se parece com a sua.
- Desenhe o que você mais gosta em sua casa e conte aos colegas.

EU MORO EM . . .

CASA TÉRREA

SOBRADO

PRÉDIO DE APARTAMENTOS

11

Quem realiza as tarefas domésticas na sua casa? Você ajuda a realizá-las?

Como a mesa de sua casa é arrumada para as refeições? Você ajuda a arrumá-la? Que objetos são utilizados e para que servem?

- Destaque os objetos usados nas refeições e cole-os sobre a mesa.

 Materiais destacáveis: *Está na hora do jantar.*

ESTÁ NA HORA DO JANTAR!

- VAMOS AJUDAR A PÔR A MESA?

O que você faz durante o dia? Com quem você brinca? Você dorme durante o dia? Vai à escola? Assiste à televisão? Que outras coisas você faz?

- Pinte as atividades que você faz durante o dia.

O QUE EU FAÇO DURANTE O DIA

Você tem animal de estimação? Qual? Como ele é? Ele se parece com algum dos animais das imagens? Em que ele se parece ou é diferente do seu?

Caso não tenha nenhum animal, qual gostaria de ter?

- Marque ou desenhe o animal que você tem ou gostaria de ter.

ANIMAL DE ESTIMAÇÃO

Veja no quadro os pontos tirados pelas crianças.

- Pinte de azul a casa em que   foi parar.
- Pinte de verde a casa em que  foi parar.
- Quem está na frente?

Vamos jogar? *Corrida da minhoca.*

TRILHA DA MINHOCA

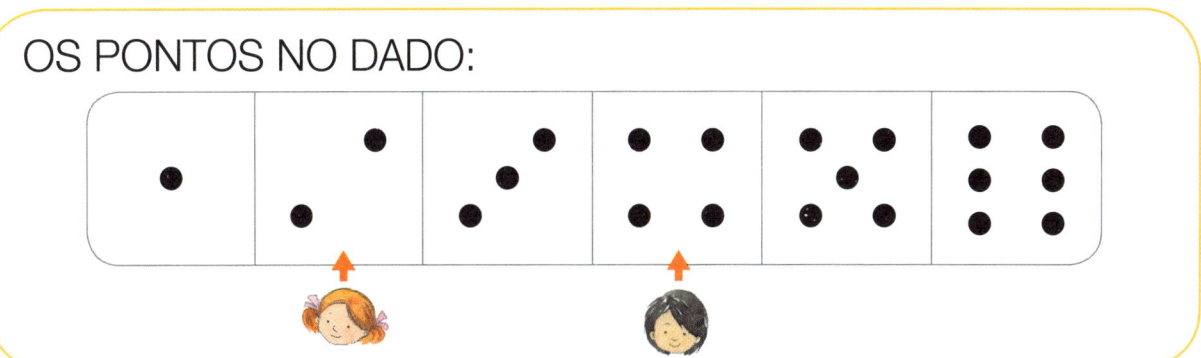

OS PONTOS NO DADO:

PARTIDA

CHEGADA

- Procure as cores diferentes nas duas ilustrações.
- Marque as diferenças no quadro abaixo.

5 ERROS DE CORES

MARQUE UM X A CADA ERRO ENCONTRADO.

1	2	3	4	5

Vamos recitar uma parlenda?

- Recite várias vezes a parlenda com os colegas e divirta-se.

Você já a conhecia?

VAMOS RECITAR

1, 2, 🫘 COM ARROZ

3, 4, FEIJÃO NO 🥣

5, 6, NO FIM DO MÊS

7, 8, COMER 🍪

9, 10, COMER 🍪.

Da tradição popular.

Vamos brincar de *Senhor caçador*?

- Forme uma roda e cante a canção. Um colega será o caçador, que deverá ficar com os olhos vendados.

Uma das crianças imita a voz do gato, e o caçador deverá adivinhar quem é.

SENHOR CAÇADOR

SENHOR CAÇADOR,
PRESTE BEM ATENÇÃO!
NÃO VÁ SE ENGANAR,
QUANDO O GATO MIAR!

MIA, GATO!

Da tradição popular.

Você gosta de histórias? E de histórias com animais?

Vamos ouvir uma? Então, acomode-se bem e ouça a história *A festa no céu* lida pelo professor.

- De que personagem você mais gostou?

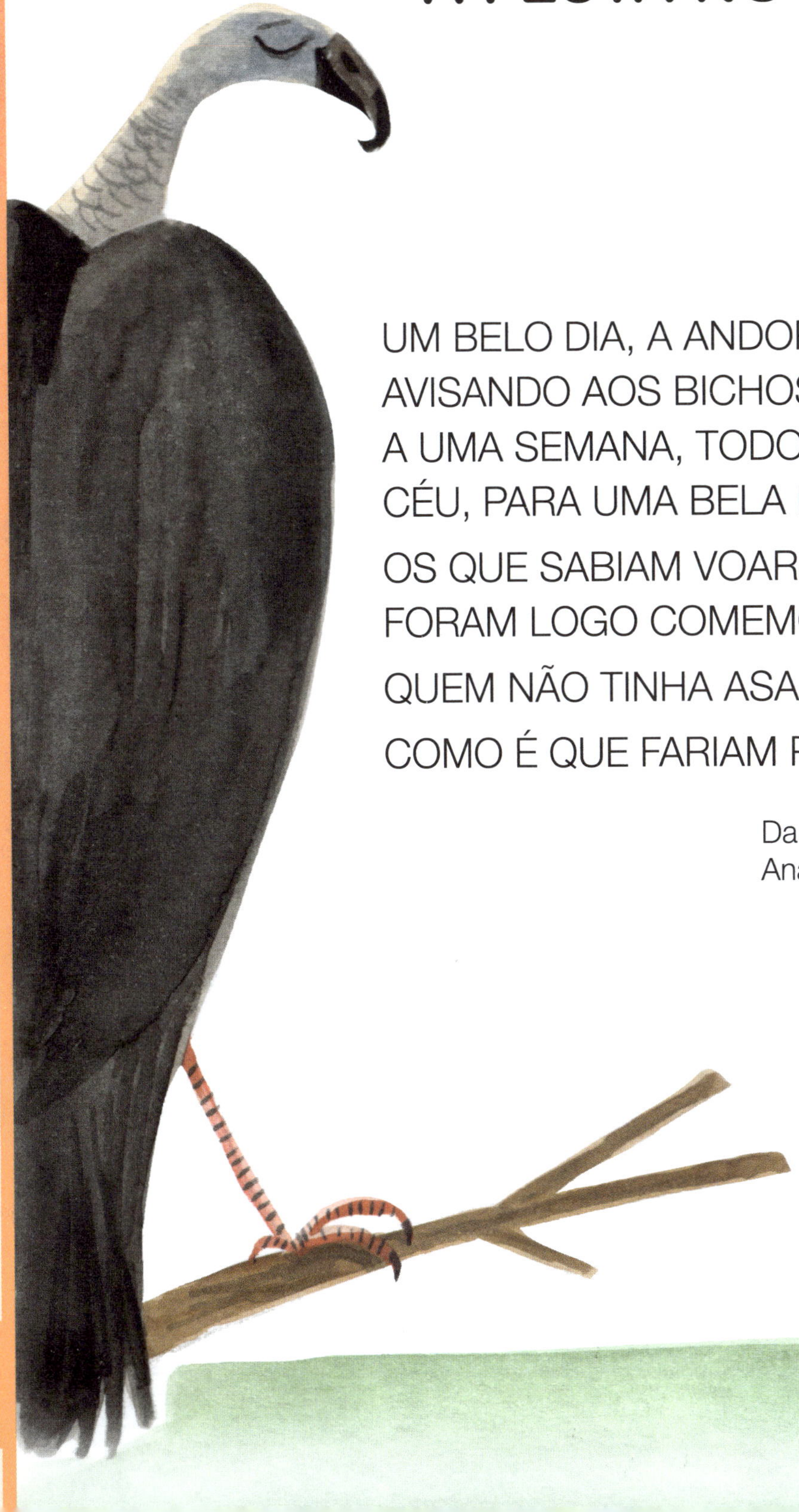

A FESTA NO CÉU

UM BELO DIA, A ANDORINHA PASSOU VOANDO E AVISANDO AOS BICHOS DA FLORESTA QUE, DALI A UMA SEMANA, TODOS SE ENCONTRARIAM NO CÉU, PARA UMA BELA FESTA.

OS QUE SABIAM VOAR ADORARAM A IDEIA E FORAM LOGO COMEMORAR.

QUEM NÃO TINHA ASA, AZAR.

COMO É QUE FARIAM PARA À FESTA CHEGAR?

Da tradição popular, adaptado por Ana Carolina Carvalho para esta obra.

Para quem será que olha esse gato? Será que ele olha para você?

Você já viu um gato dormindo? E um bravo? Como fica seu corpo? E o rabo?

E o *Gato Dormindo*, do artista Aldemir Martins, como é a posição em que ele está?

Gato Dormindo, 1977, de Aldemir Martins.

UNIDADE 2

MINHA ESCOLA, MEUS AMIGOS

Como é o seu dia na escola? O que você faz todos os dias?
E o que faz logo que chega à escola?
Você toma lanche antes ou depois de ir ao parque? Desenha antes ou depois do lanche?

O que você mais gosta de fazer? Com quem?

- Marque o que você e seus amigos fazem na escola todos os dias.
- Desenhe alguma coisa que você faz na escola.

O DIA A DIA NA ESCOLA

Como é sua sala de aula? Ela tem mesas e cadeiras? E brinquedos? Onde eles são guardados? Em que lugar os livros ficam? Onde você guarda sua mochila?

- Observe a ilustração da sala de aula e circule as imagens do que há na sua sala.
- Desenhe algum objeto da sua sala.

A SALA DE AULA

Observe as ilustrações. Que objetos você vê? Você conhece e sabe o nome de todos eles?

- Ouça a leitura e pinte os materiais que a professora guardou no armário.

O ARMÁRIO DA CLASSE

A PROFESSORA GUARDOU NO ARMÁRIO UM CADERNO, DUAS COLAS E TRÊS POTES DE TINTA.

OS ESPAÇOS DA ESCOLA

Você conhece todos os espaços da sua escola? Quais são eles? O que se faz em cada um deles? Onde você lava as mãos? Em que locais você brinca? Onde conversa com os colegas e o professor?

- Ligue as atividades aos espaços em que elas acontecem.

Muitas pessoas trabalham na sua escola para que tudo funcione bem. Você sabe quem são elas? O que fazem? Como se chamam?

Observe as imagens e converse com seus colegas sobre quem trabalha em cada espaço da escola.

- Ligue as pessoas aos seus locais de trabalho.

PESSOAS DA ESCOLA

PORTEIRO

FAXINEIRO

SECRETÁRIA

Você sabe contar até dez? Vamos recitar a parlenda?

- Brinque de recitar os números para sabê-los de cor.

 Vamos jogar? *10 casas.*

LATA DE BISCOITO

FUI À LATA DE BISCOITO
TIREI 1,
TIREI 2,
TIREI 3,
TIREI 4,
TIREI 5,
TIREI 6,
TIREI 7,
TIREI 8,
TIREI 9,
TIREI 10!

| 1 | 2 | 3 | 4 | 5 | 6 | 7 | 8 | 9 | 10 |

Essa é uma receita culinária. Para que serve a receita? Do que você acha que é essa receita? Você conhece algum dos ingredientes?

- Você gosta de biscoito? Qual é o seu preferido?
- Você sabe reconhecer os números nessa receita?

BISCOITO DE AVEIA

INGREDIENTES

1 XÍCARA DE AVEIA

1 XÍCARA DE AÇÚCAR

1 XÍCARA DE FARINHA DE TRIGO

1 OVO

1 COLHER DE MANTEIGA

1 COLHER DE FERMENTO EM PÓ

MODO DE FAZER

1. MISTURAR A AVEIA, O AÇÚCAR, A FARINHA DE TRIGO E O FERMENTO.

2. EM SEGUIDA, ADICIONAR A MANTEIGA E JUNTAR O OVO. MISTURAR BEM.

3. PASSAR FARINHA NAS MÃOS E FORMAR PEQUENAS BOLINHAS. ASSAR EM FORNO QUENTE DE 15 A 20 MINUTOS.

Ana adora biscoitos e quer comer muitos.

- Pinte o prato que ela deve escolher para comer mais biscoitos.

QUERO COMER BISCOITOS

Quantos biscoitos há em cada lata?

- Pinte de vermelho a lata que tem 2 biscoitos.
- Pinte de azul a lata com mais biscoitos.

EM QUE LATA HÁ 2 BISCOITOS?

1

2

3

4

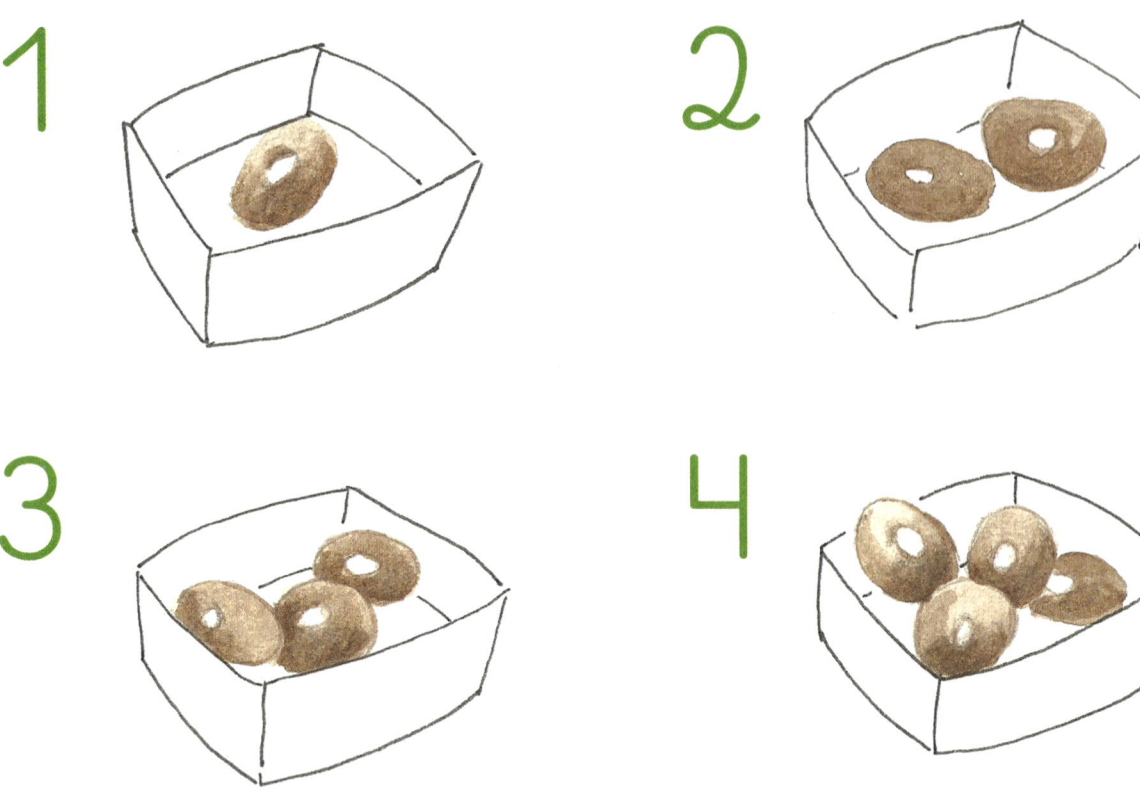

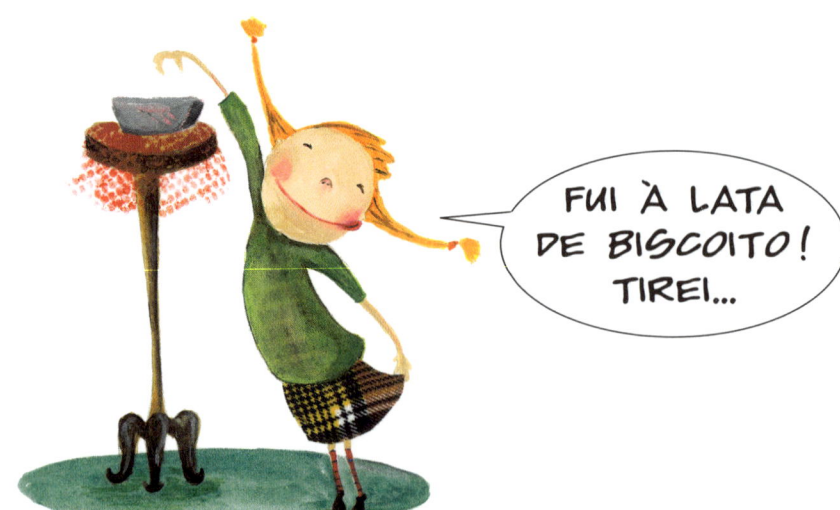

FUI À LATA DE BISCOITO! TIREI...

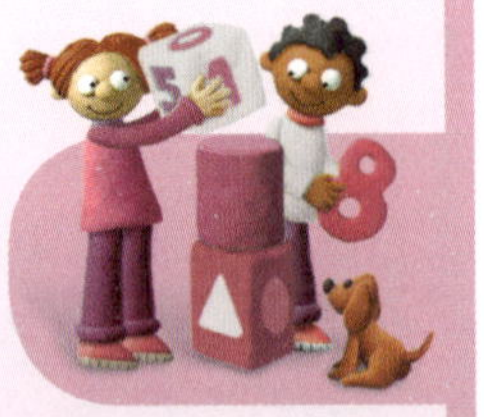

- Pinte um quadrinho da cartela para cada ponto que a criança tirou no dado.

VAMOS JOGAR?

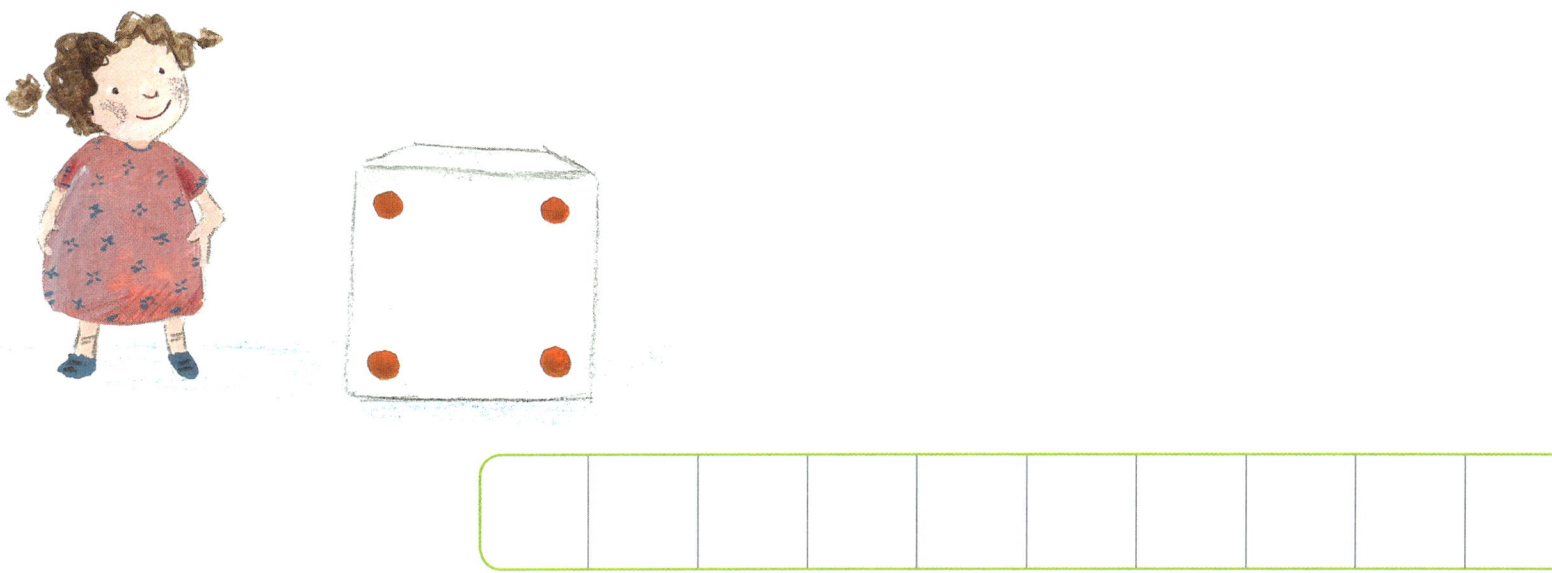

- Destaque e cole cada figura em seu lugar.
- Você sabe o nome dessas figuras?
- Pinte com as mesmas cores as figuras que aparecem nas imagens abaixo delas.

 Materiais destacáveis: *Figuras planas.*

FIGURAS PLANAS

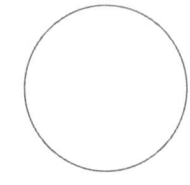

TRIÂNGULO   RETÂNGULO   CÍRCULO   QUADRADO

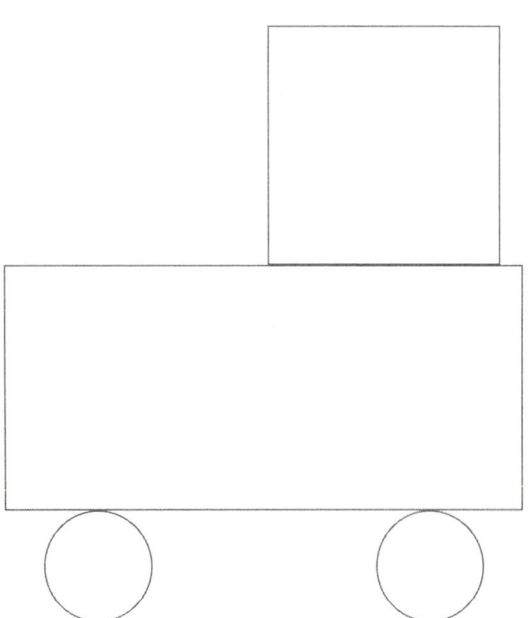
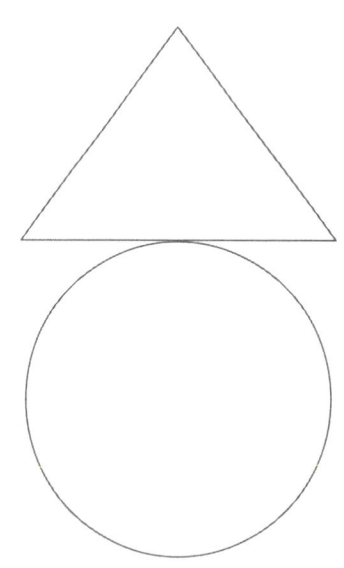
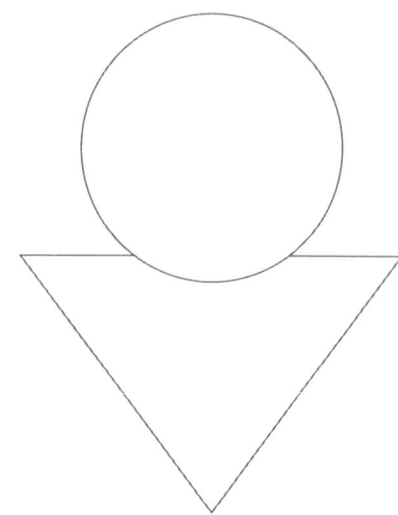

32

Acompanhe a leitura com seu professor.

Agora, vamos recitar a parlenda?

- Você pode ensiná-la aos seus familiares.
- Você se lembra das parlendas que já aprendeu?

VAMOS RECITAR

HOJE É DOMINGO

PEDE 🟤

O CACHIMBO É DE OURO

BATE NO 🐂

O TOURO É VALENTE

CHIFRA A GENTE

A GENTE É FRACO

CAI NO 🕳️

O BURACO É FUNDO

ACABOU-SE O 🌍.

Da tradição popular.

Você conhece uma brincadeira em que uma criança é o mestre e todas as outras têm de repetir o que ela pede?

Alguns chamam essa brincadeira de *Seu mestre mandou*.

Você sabe qual é o nome dela na sua região?

- Desenhe o que mais gostou na brincadeira.

SEU MESTRE MANDOU

MESTRE: BOCA DE FORNO?
CRIANÇAS: FORNO!
MESTRE: DE ASSAR BOLO?
CRIANÇAS: BOLO!
MESTRE: VOCÊS FARÃO TUDO O QUE O MESTRE MANDAR?
CRIANÇAS: FAREMOS TODOS!
MESTRE: E QUEM NÃO FIZER?
CRIANÇAS: GANHA BOLO!

Da tradição popular.

Seu professor vai ler uma história chamada *A lebre e a tartaruga*. Trata-se de uma lebre que desafiou uma tartaruga a apostar uma corrida.

Você já imaginou uma tartaruga e uma lebre apostando corrida? Como poderia ser isso?

- Pinte qual foi o final da história.

A LEBRE E A TARTARUGA

- O QUE ACONTECEU NO FINAL DESTA HISTÓRIA?

Observe o jeito de cada pessoa, se está sorrindo ou não, o tamanho, o cabelo. Será que poderiam ser crianças sentadas em uma roda com a professora para ouvir história, conversar ou cantar?

E você, como costuma sentar em roda para conversar, ouvir histórias e cantar?

Arquivo pessoal, Helô Pacheco.

UNIDADE 3

NA FAZENDA

Você já viu um pato? Onde? O que você sabe sobre os patos?

- Acompanhe a leitura e depois converse com seus colegas.
- O que fez o pato?
- Pinte os animais e acrescente outros elementos à cena.

O PATO

LÁ VEM O PATO
PATA AQUI, PATA ACOLÁ
LÁ VEM O PATO
PARA VER O QUE É QUE HÁ.
O PATO PATETA
PINTOU O CANECO
SURROU A GALINHA
BATEU NO MARRECO
PULOU DO POLEIRO
NO PÉ DO CAVALO
LEVOU UM COICE
CRIOU UM GALO
COMEU UM PEDAÇO
DE JENIPAPO
FICOU ENGASGADO
COM DOR NO PAPO
CAIU NO POÇO
QUEBROU A TIGELA
TANTAS FEZ O MOÇO
QUE FOI PRA PANELA.

Vinicius de Moraes.
A arca de Noé.
São Paulo: Companhia das Letrinhas, 2001.

Você já viu esses animais? Sabe o nome deles?

- Observe a imagem e fale sobre as características de cada animal que você vê.
- Encontre os animais em destaque nos quadros e pinte-os na imagem.

OS ANIMAIS NA FAZENDA

39

Você sabe imitar o mugido de uma vaca?

As vacas são animais muito utilizados pelo ser humano.

- Pinte os produtos que são feitos com o leite da vaca.

A VACA

PEDRO CUIDA MUITO BEM DA VACA MIMOSA.
ELE ADORA LEITE, MANTEIGA E QUEIJO.

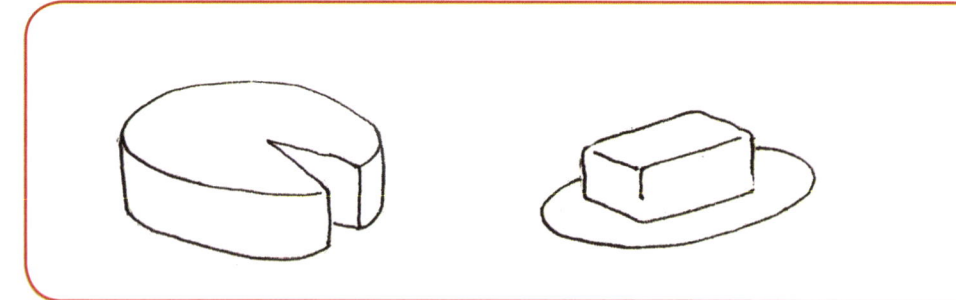

Você já viu um cavalo de perto? Já andou em um?

- Ligue as imagens de acordo com cada texto.
- Observe as imagens e fale o que você vê e sabe sobre esses animais.
- Se você tivesse um cavalo, que nome daria a ele?

CAVALOS

FOGUINHO É UM CAVALO MARROM MUITO BONITO E FORTE.

SERENA É UMA ÉGUA BRANCA E MARROM. ELA VIVE NA MESMA FAZENDA QUE FOGUINHO.

RAIO É UM POTRINHO MUITO ESPERTO. ELE TEM 2 MESES E É FILHO DA ÉGUA SERENA.

- Recorte as peças da página 139.
- Monte e cole o quebra-cabeça.
- Observe a imagem, descreva o que você pode observar e conte o que sabe sobre os porcos para seus colegas.

O QUE VAI APARECER?

- Observe as silhuetas e tente descobrir de quem são.
- Recorte as imagens da página 139 e cole-as nas silhuetas correspondentes.
- Observe as imagens e converse com seus colegas sobre o que você observa e sabe sobre esses animais.

O FAZENDEIRO E OS ANIMAIS

O SENHOR JOSÉ TEM UM LINDO SÍTIO COM MUITOS ANIMAIS.

- QUAIS SÃO OS ANIMAIS?

- Seguindo as dicas, descubra quem é o sitiante.
- Circule a imagem do sitiante.

QUEM É O SITIANTE?

- ELE USA CALÇA AZUL.
- SUA CAMISA É BRANCA.
- SEU CHAPÉU É PRETO.

- Recorte as figuras da página 143 e nomeie cada uma delas.
- Cole-as no lugar correspondente na imagem.
- Descreva a imagem, o nome dos animais que você conhece e suas características.

AS AVES

45

- Observe a imagem. Pinte um quadrado para cada animal que você encontrou.

QUANTOS SÃO?

46

Acompanhe a leitura do professor.

Você já conhecia essa parlenda? Sabe como brincar?

- Brinque de recitar a parlenda com seus colegas.

VAMOS RECITAR

CADÊ O TOUCINHO
QUE ESTAVA AQUI?
O GATO COMEU.
CADÊ O GATO?
FUGIU PRO MATO.
CADÊ O MATO?
O FOGO QUEIMOU.
CADÊ O FOGO?
A ÁGUA APAGOU.
CADÊ A ÁGUA?
O BOI BEBEU.
CADÊ O BOI?
FOI AMASSAR O TRIGO.
CADÊ O TRIGO?
FOI FAZER O PÃO.
CADÊ O PÃO?
O PADRE PEGOU.
CADÊ O PADRE?
FOI REZAR A MISSA.
CADÊ A MISSA?
JÁ SE ACABOU.

Da tradição popular.

Você já jogou *Lince*?

Jogue o lince de animais com seus colegas.

Onde estão os animais?

- Encontre-os e ligue cada um à figura correspondente.

Vamos jogar?
Lince de animais.

LINCE DE ANIMAIS

CACHORRO

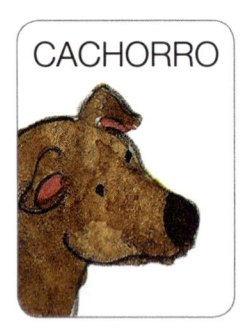

OVELHA

GALINHA

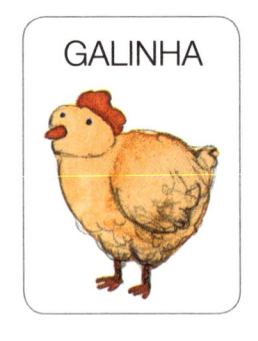

PATO

SAPO

CAVALO

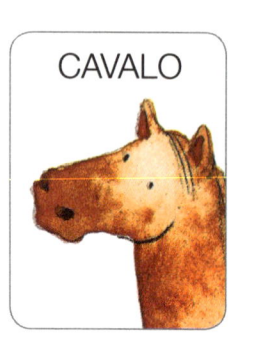

Nomeie os animais do estábulo e diga alguma de suas características.

- Como serão suas patas? Curtas ou compridas?
- Ligue a cabeça de cada animal às patas correspondentes.

DE QUEM SÃO AS PATAS?

49

Você já reparou que as expressões mostram ao outro o que estamos sentindo? O que você acha que a criança está sentindo em cada situação?

- E você, que expressões sabe fazer? Será que sabe piscar com um olho só? Fazer cara de feliz, bravo, de choro?

- Você sabe fazer careta? Faça algumas.

RECONHECENDO EXPRESSÕES

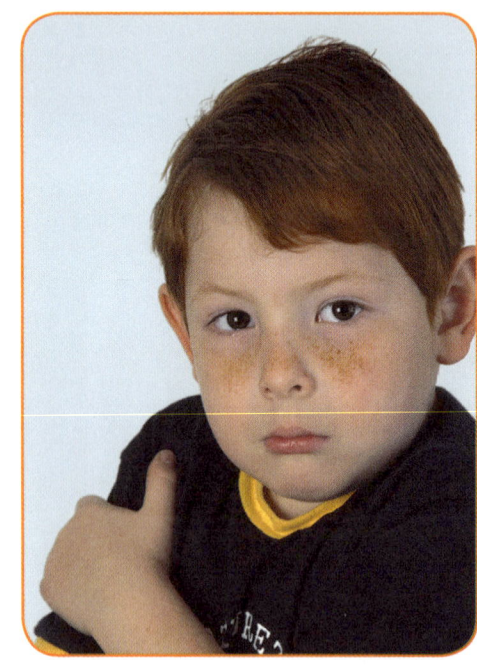

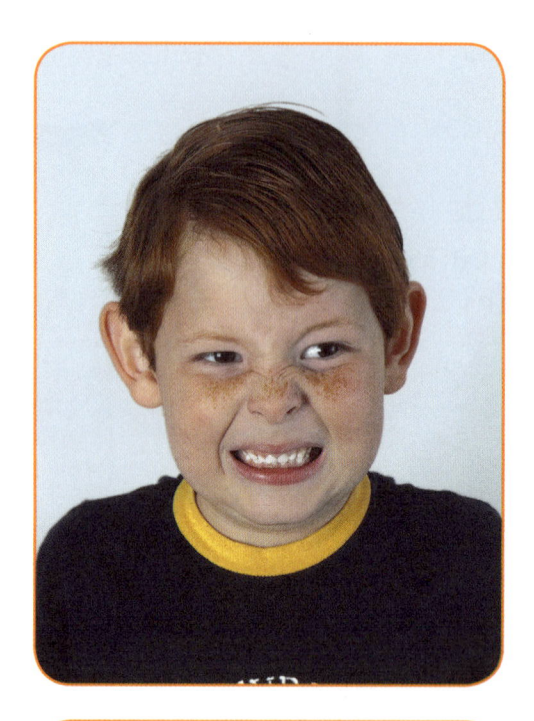

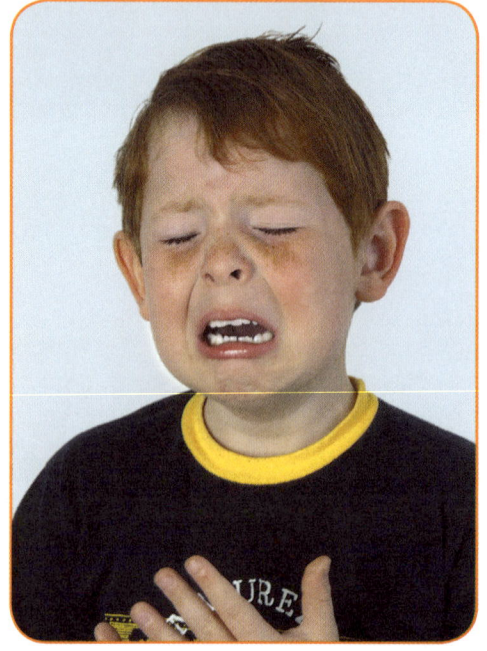

Você conhece a história *A galinha ruiva*? É a história de uma galinha que encontra um grão de trigo e, para plantá-lo, pede ajuda a outros animais.

- Ouça a história lida pelo professor e marque com um *X* quem comeu o pão.
- Pinte as imagens e desenhe o que mais quiser na cena.

A GALINHA RUIVA

- AFINAL, QUEM COMEU O PÃO?

51

Você já viu uma vaca parecida com essa? Que usa tênis, tem o sorriso de lado e a cara amarela?

Observe o corpo: tem a pintura de um carro, a placa de trânsito. O que mais tem nela?

Você percebeu onde ela está? É em um sítio?

Que nome você daria para essa vaca?

Sampa sem parar, 2010, de Morandini.

UNIDADE

4

MEU CORPO

Você gostou do poema? Vamos recitá-lo?

Um bom jeito para sabê-lo de cor é brincar de repetir com os colegas.

- Repita o poema procurando seu umbigo, seu ouvido, sua boca e seu queixo.

BRINCANDO COM O CORPO

MALABARISMOS

SABE O QUE
EU CONSIGO?
É OLHAR DENTRO
DO MEU UMBIGO.

SABE O QUE
EU DUVIDO?
É VOCÊ ASSOBIAR
PELO OUVIDO.

SABE O QUE
EU NÃO DEIXO?
É MINHA BOCA MORDER
MEU QUEIXO.

Lalau. *Girassóis e outras poesias*.
São Paulo: Companhia das Letrinhas, 2001.

Alguns cuidados são muito importantes para nossa saúde e bem-estar.

Veja as imagens e converse sobre os cuidados que você pratica.

- Ligue a parte do corpo à ação de cuidado com ele.

CUIDADOS COM O CORPO

MÃOS

CORPO

DENTES

Ana e Pedro estão na praia.

Que roupas eles estão usando?

- Pinte:
  - a sunga de Pedro de azul.
  - o biquíni de Ana de vermelho.
- Ligue a sacola ao que eles precisam para se divertir e cuidar da saúde na praia.

QUE CALOR!

56

Lá fora está muito frio!

Ana e Pedro vão sair para um passeio.

Ajude-os a vestir suas roupas quentinhas.

- Recorte as imagens da página 141 e cole:
  - luvas nas mãos de Pedro;
  - gorro na cabeça de Ana;
  - botas nos pés de Pedro;
  - casaco no tronco de Ana.

ESTÁ MUITO FRIO!

Com os olhos, a pele, a língua, o nariz e as orelhas, você pode descobrir tudo o que está à sua volta.

Observe a cena e converse com seus amigos sobre quais sentidos estão sendo usados.

- Circule o sentido mais usado em cada situação com uma cor diferente.

OS SENTIDOS

OLFATO	
TATO	
VISÃO	
AUDIÇÃO	
PALADAR	

58

Os olhos das pessoas podem ser: castanhos, azuis ou verdes.

De que cor são os seus?

- Pinte os olhos da figura com a mesma cor dos seus.
- Complete a imagem desenhando o cabelo da cor e do jeito do seu.

DE QUE COR SÃO OS SEUS OLHOS?

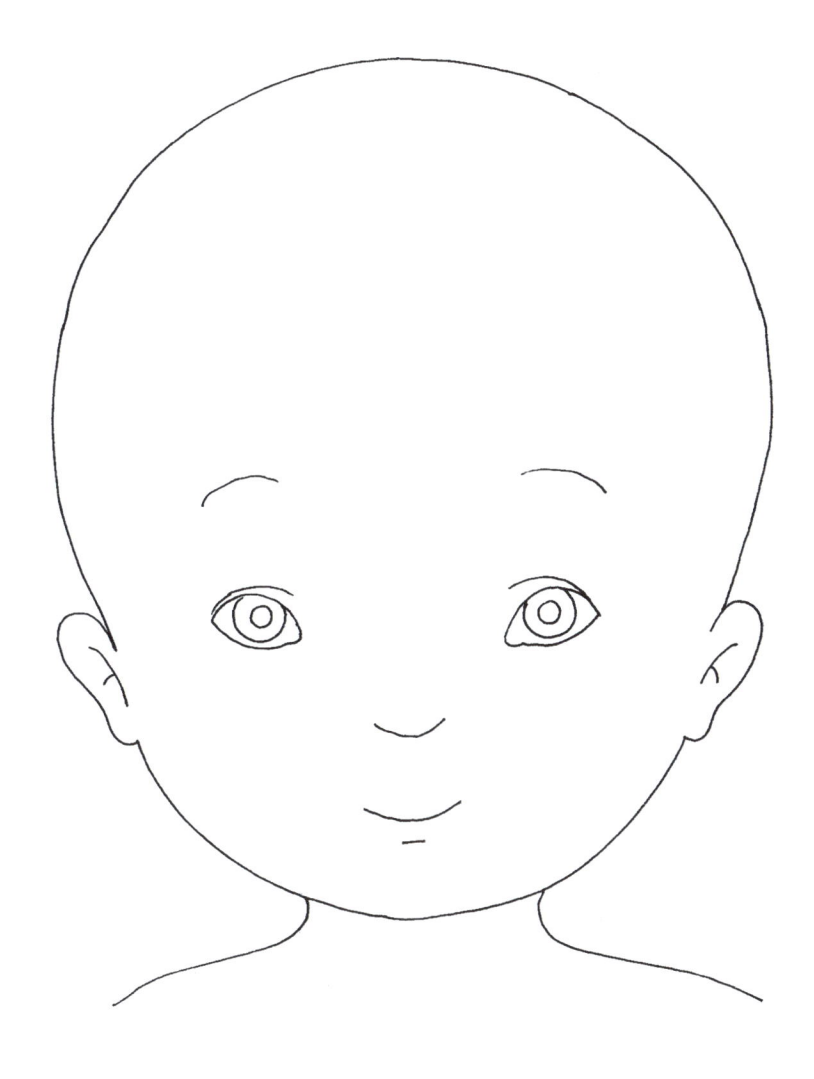

Para que servem as pálpebras?

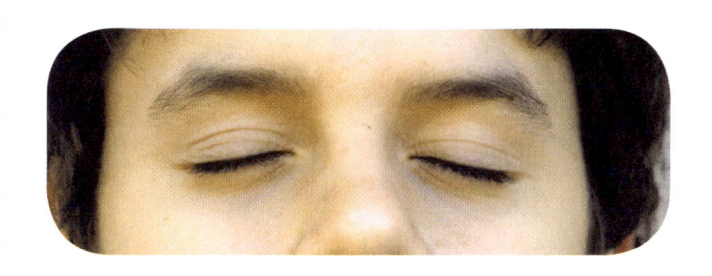

QUANDO ESTAMOS CANSADOS, AS PÁLPEBRAS SE FECHAM SOZINHAS.

OS OLHOS DESCANSAM.

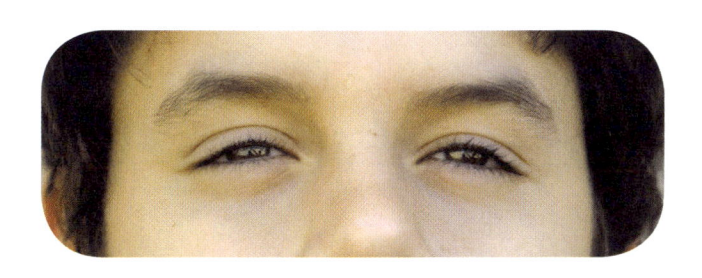

QUANDO HÁ LUZ DEMAIS, AS PÁLPEBRAS SE FECHAM UM POUCO PARA PROTEGER OS OLHOS DA CLARIDADE.

Nossa pele sente o que é quente ou frio, áspero ou liso.

Nosso ouvido ouve sons altos, baixos, barulhos e conversas.

Com o nariz, sentimos cheiros.

Com os olhos, podemos ver as cores, as formas e o tamanho das coisas.

- Marque o sentido que está sendo usado em cada imagem.

QUAL É O SENTIDO?

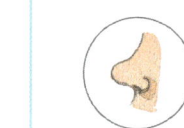

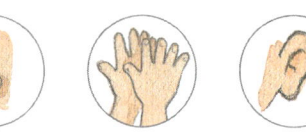

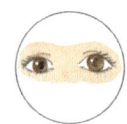

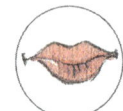

QUE GELADO!

QUE MÚSICA LINDA!

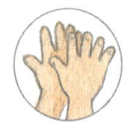

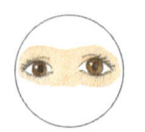

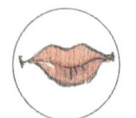

É AZEDO!

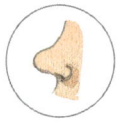

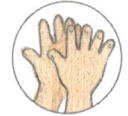

HUM, BOLO DE CHOCOLATE!

Você gostou da brincadeira da formiga?

O que você faz usando os pés? E as mãos?

Você sabe o nome das partes do corpo?

- Ligue o menino às ações que realizamos usando as mãos.

A FORMIGUINHA

FUI AO MERCADO COMPRAR CAFÉ,

E A FORMIGUINHA PICOU MEU PÉ!

EU SACUDI, SACUDI, SACUDI,

MAS A FORMIGUINHA NÃO PARAVA DE SUBIR...

Da tradição popular.

Você sabe os nomes das partes do seu corpo?

- Assinale a imagem que continua cada sequência.

Vamos jogar? *Bingo das partes do corpo.*

DESCUBRA A SEQUÊNCIA

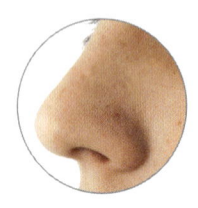

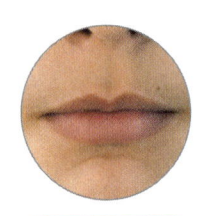

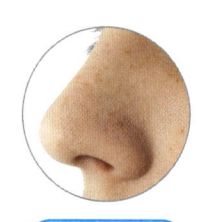

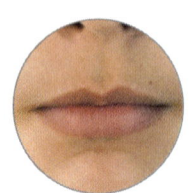

| NARIZ | BOCA | NARIZ | BOCA | | |

| MÃOS | PÉS | PERNAS | MÃOS | PÉS | | |

| CABEÇA | PESCOÇO | OMBRO | CABEÇA | | |

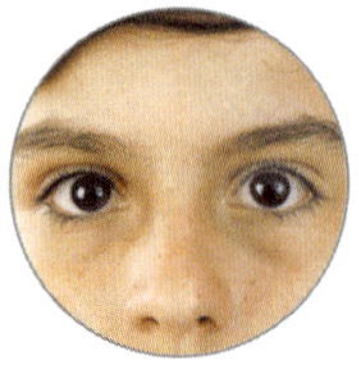

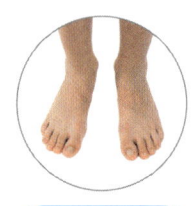

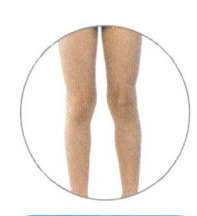

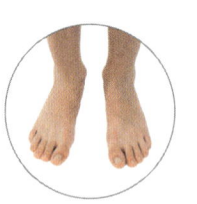

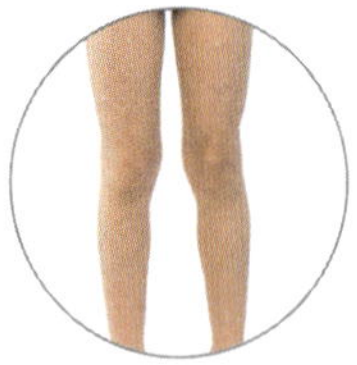

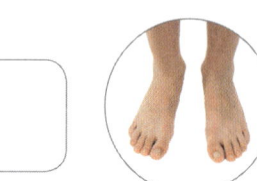

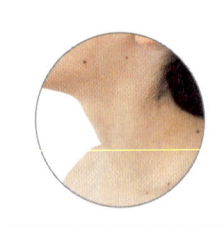

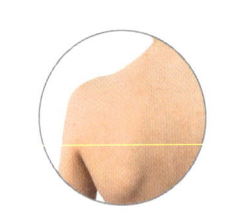

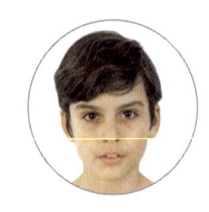

62

PEQUENO, MÉDIO E GRANDE

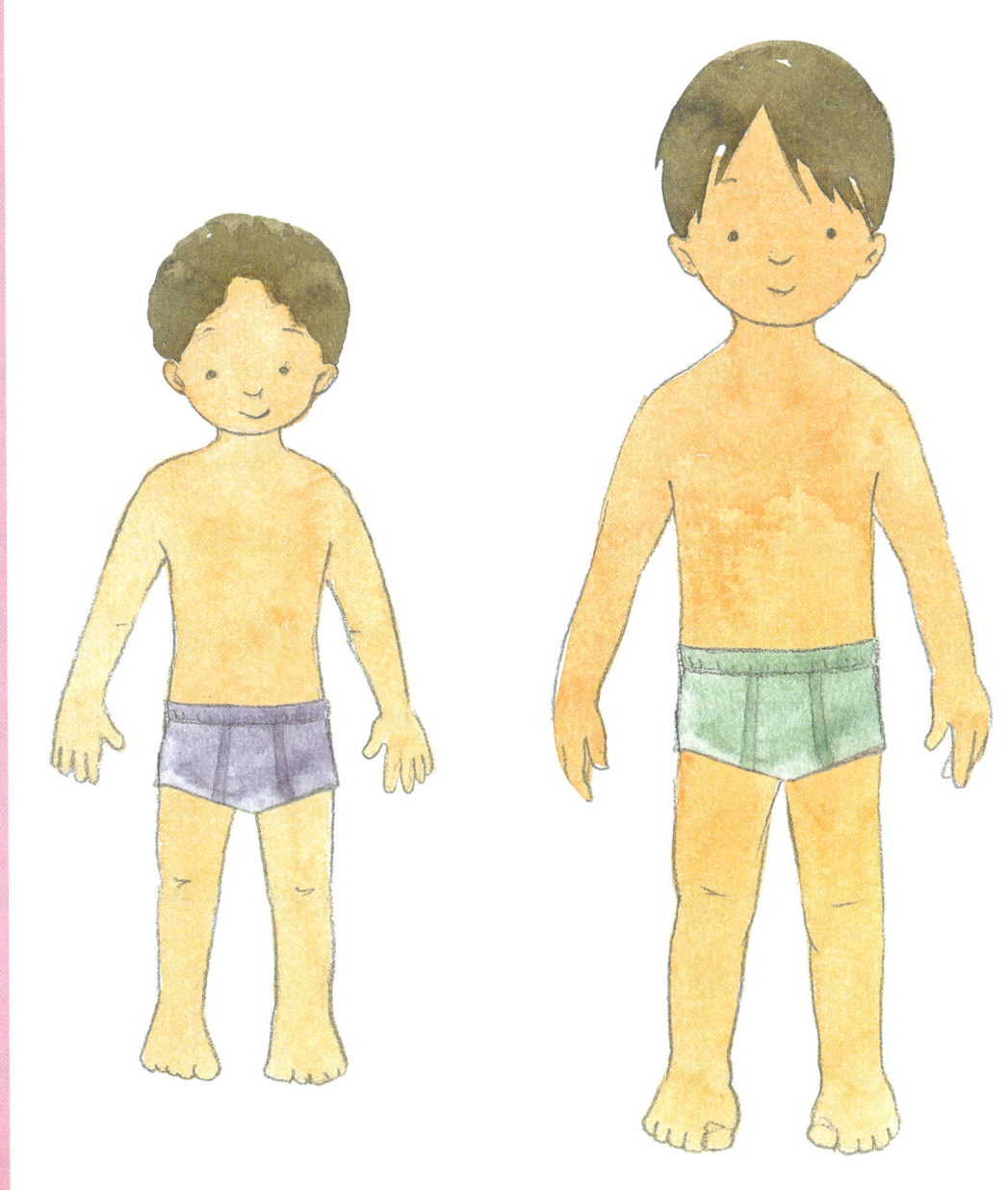

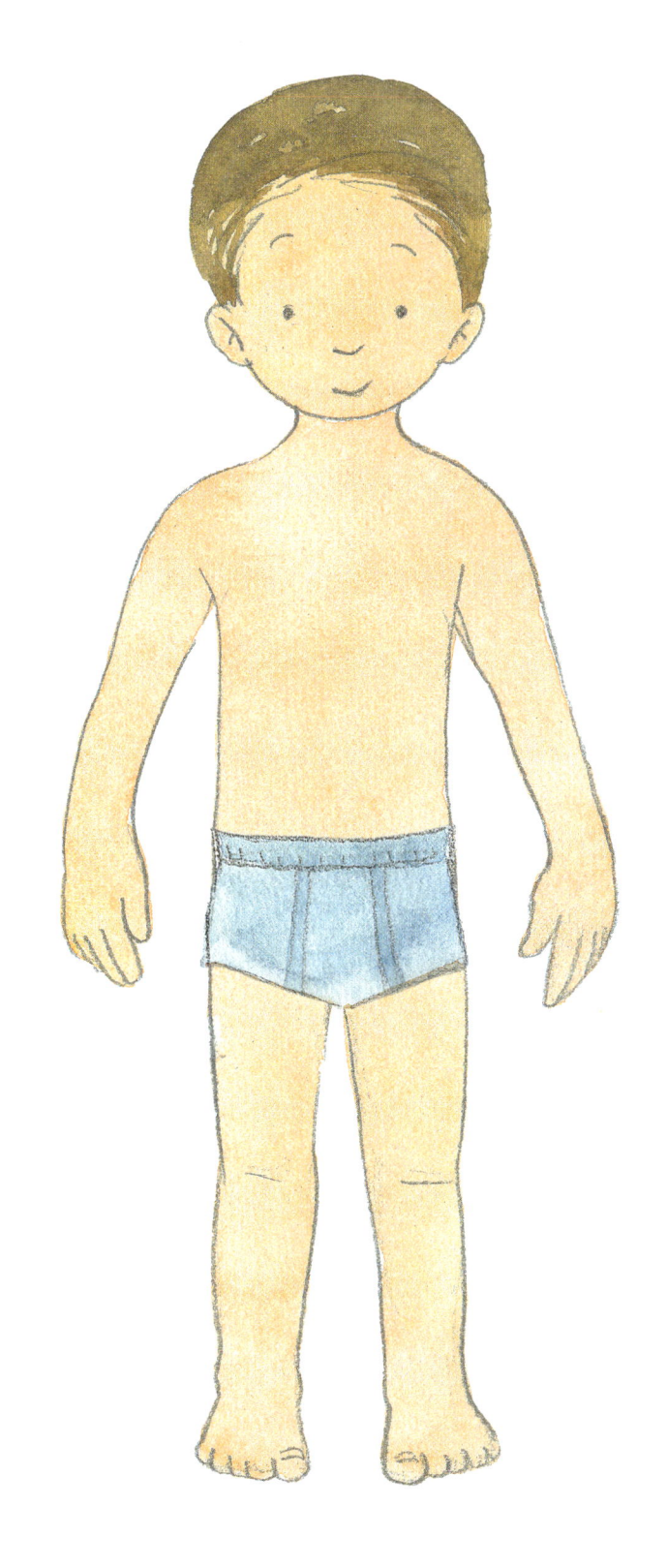

Vamos vestir as crianças?

- Recorte e cole as peças da página 141.
- Cole cada peça de roupa correspondente ao tamanho das crianças.

As crianças tiraram os sapatos para brincar na areia.

- Pinte um ☐ para cada criança, pé e sapato que você vê na imagem.
- Quantos são os sapatos, os pés e as crianças?
- Há sapatos para todas as crianças?

QUANTOS SAPATOS?

64

Observe as imagens e conte as fichas de cada criança.

- Marque quantos pontos cada criança fez.
- Circule a criança que fez mais pontos.

QUANTOS PONTOS?

Observe a ilustração. Você sabe o que vamos fazer?

Ouça as instruções do professor e boa diversão!

VAMOS ROLAR?

Acompanhe a leitura da história *A casa que Pedro construiu* feita pelo professor.

- Você consegue identificar na imagem os elementos da história?
- Pinte todos eles.

A CASA QUE PEDRO CONSTRUIU

O que você vê nessa imagem?
Você acha engraçada uma pessoa com um pezão e uma cabeça pequenininha?
Seu pé é muito maior que sua cabeça?

Observe os braços da imagem. Eles são do mesmo tamanho? Quem tem o braço mais comprido na sua casa?

Abaporu, 1928, de Tarsila do Amaral. Óleo sobre tela.

UNIDADE 5

LÁ VEM O CIRCO!

Observe a imagem.
Você sabe o que é?
O que você acha que tem no circo?
Você já foi a um circo?
Como ele era?
O que você viu?
De que mais gostou?

- Acompanhe a leitura do professor.

DIA DE CIRCO

HOJE TEM ESPETÁCULO?
TEM, SIM SINHÔ.
É ÀS OITO DA NOITE?
É, SIM SINHÔ.
HOJE TEM MARMELADA?
TEM, SIM SINHÔ.
HOJE TEM GOIABADA?
TEM, SIM SINHÔ.
É DE NOITE? É DE DIA?
É, SIM SINHÔ.

Da tradição popular.

UM CIRCO POR DENTRO

- Recorte as figuras da página 143, nomeie-as e cole-as nos espaços correspondentes.

- Observe a imagem e converse com seus colegas. Você sabe como é um circo por dentro? Como se chama o lugar em que os artistas se apresentam? E o lugar de onde as pessoas assistem ao espetáculo?

O circo, 1944, de Djanira.

Veja os malabaristas. Observe bem as formas dos malabares. São iguais ou diferentes?

- Ligue cada malabarista ao malabar igual aos dele.
- Pinte as imagens.

Vamos jogar? *Trilha do circo.*

DE QUEM É?

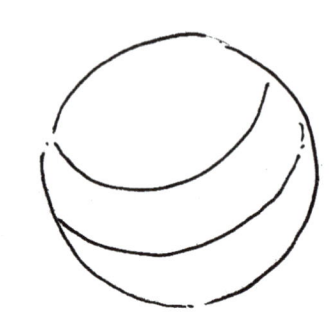

O que o palhaço, o malabarista e o trapezista fazem? O que eles usam para realizar seu trabalho?

- Destaque os instrumentos de trabalho dos artistas e cole-os perto da imagem de cada um.

Materiais destacáveis: *De quem são?*

DE QUEM SÃO?

73

Ouça a leitura do professor e observe as imagens.

- Você consegue descobrir de quem o texto fala?
- Você conhece outras expressões que os mágicos usam?

ADIVINHE QUEM É!

DE SUA 🎩 SAI UM 🐰.

ELE FAZ APARECER UMA 🕊 DE UM 🌹,

TIRA 🃏 DA 🧥

E SEMPRE REPETE:

ABRACADABRA!

ABRACADABRA!

Observe as imagens. Por quem são usadas?

- Encontre e circule o que o mágico não usa no espetáculo.

Você já deve ter ouvido palavras como *abracadabra* e *zinzalabim*.

Vamos brincar de transformar as coisas usando as palavras mágicas que conhecemos?

ESTE É O MÁGICO

Ouça a leitura feita pelo professor e observe as imagens para descobrir as adivinhas.

- Você consegue adivinhar quem são esses artistas? Faça um X na resposta.

JOGO DA ADIVINHA

- NADA É IMPOSSÍVEL PARA MIM! FAÇO APARECER E SUMIR COELHOS DE CARTOLAS. ADIVINHE QUEM SOU.

ACROBATA

MÁGICO

- USO NARIZ VERMELHO, PERUCA E ROUPAS LARGAS. ADORO VER AS PESSOAS RINDO DE MINHAS PALHAÇADAS. ADIVINHE QUEM SOU.

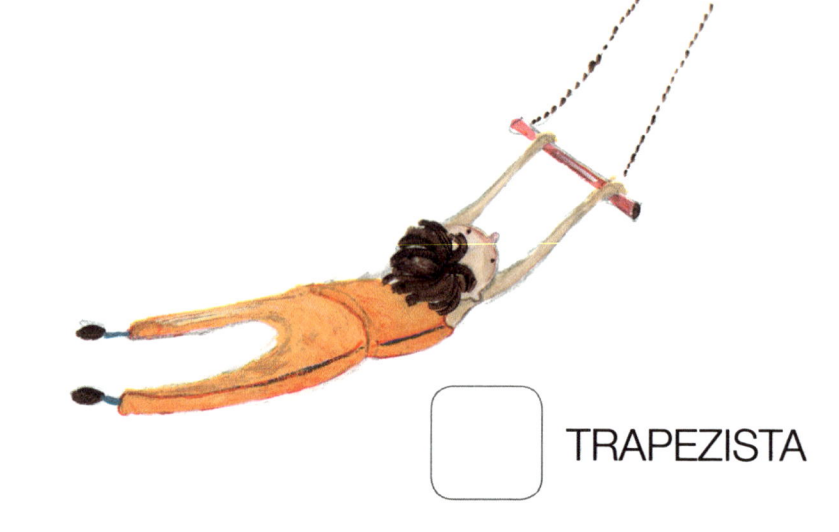

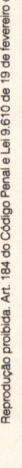

PALHAÇO

TRAPEZISTA

O trapezista Manolo se pendura no trapézio com as mãos, com os pés e, às vezes, somente com o queixo! Manolo se balança bem alto e não tem medo de cair. Parece até que está voando!

- Descubra quem é o Manolo e marque a resposta com um X.

QUEM É O MANOLO?

Do que será a receita? Você consegue descobrir depois de ler os ingredientes?

- Acompanhe a leitura do professor e veja se acertou. Depois, registre a quantidade dos ingredientes.

Vamos jogar?
Jogo de dados.

COMIDINHA DE CIRCO

INGREDIENTES

DE MILHO DE PIPOCA

DE MANTEIGA

SAL A GOSTO

LEMBRE-SE DE QUE A RECEITA SEMPRE DEVE SER FEITA POR UM ADULTO!

MODO DE FAZER

1. COLOQUE A MANTEIGA EM UMA PANELA E LEVE AO FOGO.

2. EM SEGUIDA, ACRESCENTE O MILHO E TAMPE.

3. ASSIM QUE O MILHO COMEÇAR A ESTOURAR, BALANCE A PANELA SOBRE O FOGO PARA AS PIPOCAS NÃO QUEIMAREM.

4. DEPOIS QUE TODAS ESTOURAREM, COLOQUE SAL A GOSTO.

- Recorte as peças da página 143 e cole:
  - a bailarina em cima do tamborete;
  - o jarro embaixo da mesa do mágico;
  - os sapatos e a peruca dentro da mala do palhaço.

CENA DE CIRCO

Observe as crianças. Quantas são? O que irão fazer?

- Pinte as cadeiras que as crianças irão ocupar para assistir ao espetáculo.
- Há mais crianças ou mais cadeiras? Todas as crianças poderão sentar?

QUANTOS LUGARES?

- Observe as duas primeiras cenas de cada linha e converse com os colegas sobre o que acontece antes e o que acontece depois em cada uma delas.
- Marque em cada linha a cena que continua a sequência.

O QUE VEM DEPOIS?

Você conhece essa brincadeira? Como ela se chama onde você mora?

- Fique atento: ao ouvir o comando *morto*, você deve sentar em sua cadeira. Quando ouvir *vivo*, deve se levantar. Não se esqueça, *morto*: sentado; *vivo*: em pé. Vamos brincar?

MORTO VIVO

O LEÃO E O RATINHO

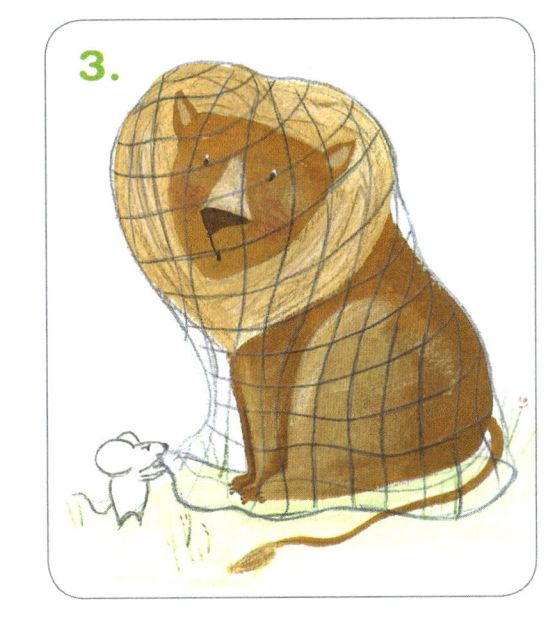

Você acha que um leão e um ratinho podem ser amigos? Ouça a leitura feita pelo professor para descobrir como isso aconteceu.

- Recorte as imagens da página 145 e cole-as na sequência de acordo com a história.

1.

3.

Qual é o animal da imagem? Onde ele está?

Qual é o som que o leão faz?

Hoje em dia a maioria dos circos já não tem animais e há campanhas para sua proibição. Mas, antigamente, vários circos tinham animais que se apresentavam no espetáculo e ficavam presos em jaulas.

Por que será que essa jaula tem rodas? O que há em cima da jaula?

Alexander Calder. *Circo de Calder: leão, domador, jaula e duas plataformas*. Parte integrante da obra Circo de Calder. 1926-1931. Escultura em arame, madeira, metal, tecido, couro e corda.

UNIDADE 6

O POMAR

Você conhece as frutas mencionadas na letra dessa canção?

Quais você já viu ou comeu?

- Ilustre a canção.

VAMOS CANTAR?

POMAR

BANANA BANANEIRA
GOIABA GOIABEIRA
LARANJA LARANJEIRA
MAÇÃ MACIEIRA
MAMÃO MAMOEIRO
ABACATE ABACATEIRO
LIMÃO LIMOEIRO
TOMATE TOMATEIRO
CAJU CAJUEIRO
UMBU UMBUZEIRO
MANGA MANGUEIRA
PERA PEREIRA
(...)

Sandra Peres, Paulo Tatit e Luiz Tatit. *Canções de brincar*. Palavra cantada, 1996.

Você conhece essa árvore? Como ela se chama? Qual é o seu fruto?

Você gosta de banana? Já viu um cacho de bananas? Você sabe a diferença entre a banana e o cacho de bananas?

- Pinte a penca de bananas.

DESCUBRA

Você já viu algum fruto no pé? Já comeu uma fruta que você mesmo apanhou? Quais árvores frutíferas você conhece?

Alguns frutos crescem em árvores, como o mamão.

- Com as dicas que o professor vai ler, descubra qual é a árvore do mamão e marque com um X.

QUAL É O MAMOEIRO?

- O MAMOEIRO É UMA ÁRVORE GRANDE.
- SUAS FOLHAS CRESCEM NO TOPO E SÃO BEM ABERTAS.
- SEU TRONCO NÃO É MUITO GROSSO, MAS É FORTE O SUFICIENTE PARA SUPORTAR O PESO DOS FRUTOS QUE NASCEM DELE.

88

Você já ouviu essa canção?

- Por que ela se chama *Ploquet Pluft Nhoque*?

Você já viu a jabuticaba em uma jabuticabeira?

- Marque as frutas que têm forma parecida com a da jabuticaba.

PLOQUET PLUFT NHOQUE (JABOTICABA)

OLHA A PRETA COLADA NO TRONCO
DE CAROÇO BRANCO, QUE A MÃO DO MOLEQUE

OLHA A PRETA DE CAROÇO BRANCO
QUE A MÃO DO MOLEQUE ARRANCA NO TOQUE.

O QUE BATE NA BOCA QUE É JABOTICABA
FAZ *PLOQUET PLUFT NHOQUE*,
PLOQUET PLUFT NHOQUE.

Dorival Caymmi e Paulo César Pinheiro.

O FRUTO DA JABUTICABEIRA SE CHAMA JABUTICABA. A JABUTICABA É PEQUENA, TEM A CASCA PRETA E A POLPA BRANCA. CRESCE NO TRONCO E NOS RAMOS DA ÁRVORE.

DE QUE VOCÊ GOSTA?

Quais são suas frutas preferidas? Elas são grandes ou pequenas? De que cor? Do cheiro de qual delas você gosta mais? Quais frutas você come com casca? E quais come sem casca?

- Escolha nas imagens da página 145 as suas frutas preferidas e cole-as no prato.
- Desenhe outras frutas de que você goste.

Observe as imagens. Quais você consegue identificar?

- Procure nas figuras da página 145 as sementes correspondentes a cada fruto e cole-as junto dele.

CADA FRUTO TEM SUA SEMENTE

Você conhece essa flor? Ela se chama girassol. É possível plantá-la em um vaso e vê-la crescer.

- Você sabe o que é preciso para plantar um girassol?

VAMOS RECITAR

O GIRASSOL

SEMPRE QUE O SOL
PINTA DE ANIL
TODO O CÉU
O GIRASSOL
FICA UM GENTIL
CARROSSEL.

(...)

— "RODA, RODA, CARROSSEL
RODA, RODA, RODADOR
VAI RODANDO, DANDO MEL
VAI RODANDO, DANDO FLOR".

Vinicius de Moraes. *A arca de Noé*. Companhia das Letrinhas, 2001.

VAMOS CULTIVAR UMA FLOR?

Muitas pessoas plantam sementes de frutas para que se transformem em árvores, que darão outros frutos.

Vamos realizar um experimento?

- Observe o que aconteceu com as sementes de abacate e ilustre. Após algumas semanas (quando a raiz aparecer), pode-se transferir o caroço para a terra, plantando-o em um vaso grande. Em poucos meses a planta crescerá.

O QUE VAI ACONTECER?

1. PEGUE DUAS SEMENTES (CAROÇOS) DO ABACATE E ESPETE-AS COM PALITOS.

2. COLOQUE AS SEMENTES EM UM COPO COM ÁGUA.
ATENÇÃO: NÃO MERGULHE A SEMENTE, APENAS DEIXE QUE FIQUE ENCOSTADA NA ÁGUA.

3. OBSERVE O QUE ACONTECE APÓS ALGUNS DIAS.

O que as crianças estão fazendo?

Como você cuida de suas coisas?

Você guarda os brinquedos com que brinca?

Guarda os livros de histórias? E os lápis que você usa para desenhar?

Arruma seu lanche?

- Pinte as ações que você realiza.

CUIDO DAS MINHAS COISAS

CESTO DE FRUTAS

- Desenhe no cesto pequeno:
  - 2 jabuticabas
  - 3 laranjas

- Desenhe no cesto grande:
  - 4 bananas
  - 5 maçãs

Você já jogou *Dominó de frutas*?

Conheça o jogo e depois faça a atividade.

- Marque como continua cada sequência.
- Desenhe a continuação da última linha.

Vamos jogar? *Dominó de frutas.*

DOMINÓ DE FRUTAS

JOGANDO DOMINÓ DE FRUTAS

Você já sabe jogar o *Dominó de frutas*.

Quem ganha esse jogo: quem tem mais peças ou quem termina suas peças primeiro?

- Assinale quem você acha que ganhará o jogo.

Vamos brincar de movimentar o corpo?

Aprenda a brincadeira e divirta-se.

PULA SAPINHO

ARRE SAPINHO QUE VAI PARA LELÉ.
COLOQUE AS MÃOS NO CHÃO E LEVANTE UM PÉ.

ARRE SAPINHO QUE VAI PARA O TREMOIS.
COLOQUE AS MÃOS NO CHÃO E LEVANTE OS DOIS.

ARRE SAPINHO QUE VAI PARA O JAPÃO.
DEITE NO CHÃO E LEVANTE A MÃO.

Você conhece a história *João e Maria*? Ela fala sobre duas crianças que, abandonadas na floresta, encontram uma casa feita de doces.

Ouça a história e descubra o que acontecerá com elas.

- Se você estivesse no lugar de João ou Maria, que doces gostaria de encontrar? Desenhe.

JOÃO E MARIA

Essa fruta você conhece, mas já tinha visto bananas dessa cor?

O artista Aldemir Martins pintou bananas-de-são-tomé.

Você sabe qual é a cor desse tipo de banana?

Você reparou quantas são? Acha que estão maduras?

Banana de São Tomé, 1965, de Aldemir Martins. Nanquim e anilina sobre papel.

UNIDADE 7

FILHOTES

Você conhece esse animal?

- Observe a foto e converse com seus colegas sobre o que você sabe.
- Ouça a leitura e converse com seus colegas: o canguru é um animal pequeno ou grande? Ele é maior ou menor que você?
- Como são as patas desse animal: pequenas, grandes, iguais? Assinale a imagem que mostra como elas são.

QUE ANIMAL É ESTE?

UM CANGURU MACHO CHEGA A MEDIR 1,5 METRO DE ALTURA. OS CANGURUS ANDAM AOS SALTOS, QUE PODEM ATINGIR 8 METROS DE EXTENSÃO. AS PATAS TRASEIRAS SÃO COMPRIDAS, E AS PATAS DIANTEIRAS SÃO CURTINHAS. AS FÊMEAS DESSES ANIMAIS TÊM UMA BOLSA ONDE OS FILHOTES APÓS NASCER COMPLETAM SEU DESENVOLVIMENTO.

102

Existem animais que têm vários filhotes de uma só vez e outros que têm apenas um filhote por gestação.

Você sabe que animais podem ter mais de um filhote em uma única gestação?

Observe os animais que aparecem nas fotos.

Você conhece todos? Sabe o nome deles? Sabe como nascem, ou já viu o nascimento de algum animal?

- Converse com os colegas sobre o que você sabe e vê.

VAMOS CONHECER OUTROS ANIMAIS E SEUS FILHOTES?

Quais são os animais das fotos? Você sabe de quem são os filhotes? O que você sabe sobre eles?

- Ligue cada filhote à sua mãe.

ANIMAIS E SEUS FILHOTES

- VOCÊ SABIA QUE TODOS ESTES ANIMAIS MAMAM AO NASCER?

MUITOS FILHOTES

- Observe as imagens, descreva-as e converse com seus colegas sobre o que você conhece e pode observar.
- Quantos filhotes há em cada imagem?
- Você sabe como nascem esses filhotes?
- Você sabe dizer que outros animais têm muitos filhotes?

- Observe as imagens, descreva-as e converse com seus colegas sobre o que você conhece e pode observar.
- Quantos filhotes há em cada imagem?
- Você sabe como nascem esses filhotes?
- Você sabe dizer que outros animais têm poucos filhotes?

POUCOS FILHOTES

Observe as fotos. Você sabe o nome de todos os animais?

- Encontre os filhotes de cada animal na página 147, recorte-os e cole-os ao lado de suas mães.

VOCÊ SABIA?

HÁ ANIMAIS QUE MAMAM AO NASCER E VIVEM NA ÁGUA.

Você conhece a canção? Do que ela fala? Vamos cantar?

- De que animais a canção fala? O que há de comum entre eles?

TÁ NA HORA DE MAMAR

DA FLORESTA DA TIJUCA AO SERTÃO DO CEARÁ
DO EGITO ATÉ A CHINA, DO SAARA AO CANADÁ
TODO BICHO QUER BRINCAR, MAS É HORA DE MAMAR
MAMÃE-BICHO TEM PACIÊNCIA E NÃO CANSA DE CHAMAR
DIZ QUE SE PASSAR DA HORA O BICHINHO VAI CHORAR
MACAQUINHO VEM PRA CÁ, TÁ NA HORA DE MAMAR
MACAQUINHO JÁ MAMOU TUDO O QUE TINHA PRA MAMAR
MAS ESTOU VENDO NO MURO UM GATINHO ANGORÁ
HEI, GATINHO, VEM PRA CÁ, TÁ NA HORA DE MAMAR!
O GATINHO JÁ MAMOU TUDO O QUE TINHA PRA MAMAR
(...)
TODO BICHO QUER BRINCAR, MAS É HORA DE MAMAR...

Paulo Tatit e Zé Tatit. *Canções de brincar*. Palavra Cantada, 1996.

Você sabia que alguns animais nascem de ovos? Conhece algum animal assim? Que animal você acha que vai nascer desse ovo?

- Recorte a imagem da página 147, monte e cole o quebra-cabeça para saber que animal é esse.
- Observe a imagem e descreva-a.
- O que você gostaria de saber sobre animais que nascem de ovos?

DE QUEM SÃO ESTES OVOS?

VOCÊ SABIA QUE O JACARÉ NASCE DE UM OVO E NÃO DA BARRIGA DA MÃE?

ANIMAIS QUE NASCEM DE OVOS

Você sabia que nem todos os animais têm a mesma quantidade de filhotes de uma só vez?

- Em qual dessas imagens há mais filhotes? Quem são eles?

Os animais das fotos também botam ovos dos quais nascem seus filhotes.

O que você sabe sobre eles?

- Ligue os animais aos seus filhotes.

MAIS ANIMAIS QUE NASCEM DE OVOS

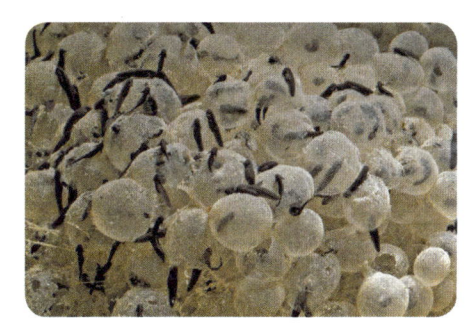

Você já sabe que há animais que nascem de ovos e outros que nascem da barriga. Sabe dizer quais são?

- Assinale em cada linha o animal que não faz parte do grupo.

Vamos jogar? *Memória de filhotes.*

MEMÓRIA DE FILHOTES

NASCEM DA BARRIGA

NASCEM DO OVO

Quem é o filhote da galinha? Como ele se chama?

E o filhote do sapo, quem é? Como você sabe?

- Faça um X no filhote de cada animal.

QUAL É O FILHOTE?

- Pinte as figuras de acordo com a legenda.
- Faça um desenho utilizando as figuras.

FIGURAS PARA COLORIR

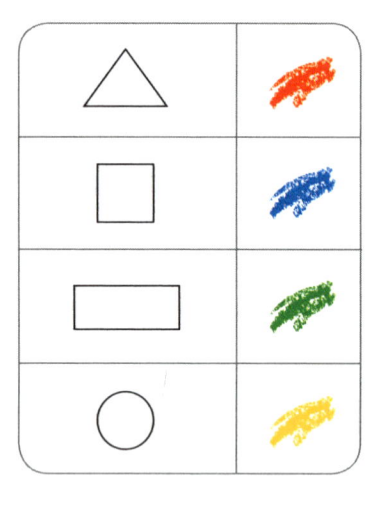

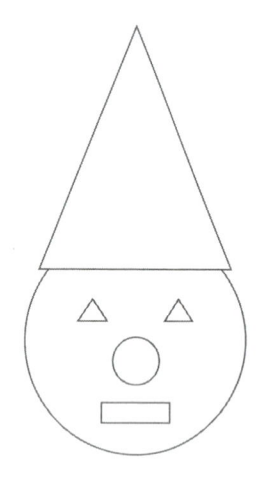

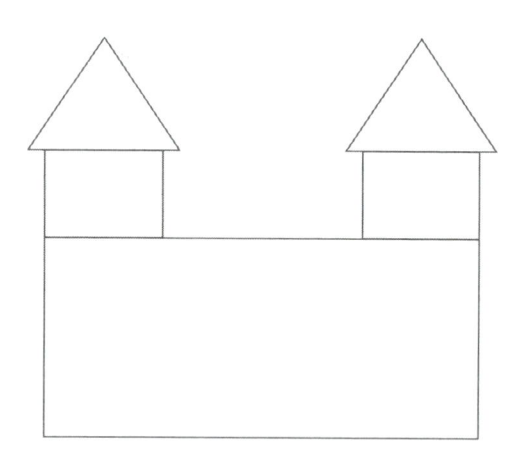

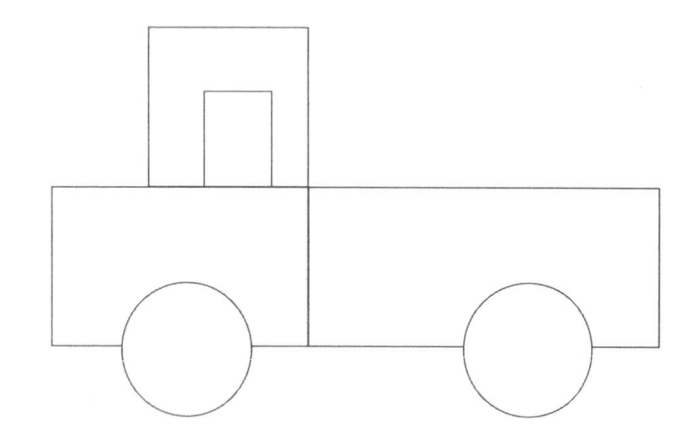

- Pinte um quadrado para cada garrafa derrubada.
- Escreva o total de garrafas derrubadas.
- Circule o rosto de quem ganha a rodada.

JOGO DE BOLICHE

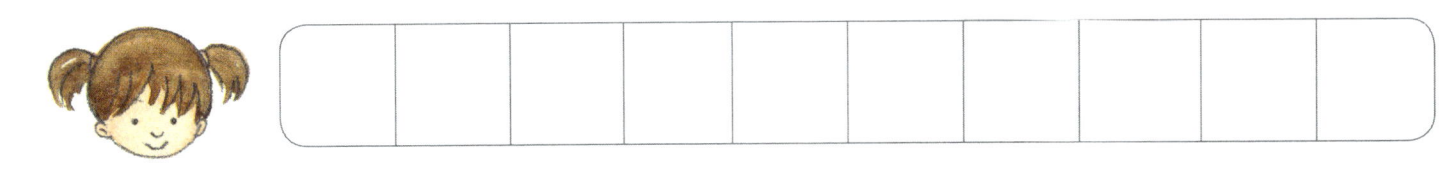

Você conhece essa brincadeira? Vamos imitar os animais?

ZUM-ZUM

ZUM-ZUM.

NÃO HÁ NENHUM COM MEU DESEMBARAÇO!

QUERO VER SE HÁ ALGUM QUE FAZ O QUE EU FAÇO!

IMITANDO UM MACACO!

ZUM-ZUM.

NÃO HÁ NENHUM COM MEU DESEMBARAÇO!

QUERO VER SE HÁ ALGUM QUE FAZ O QUE EU FAÇO!

IMITANDO UM URSO!

ZUM-ZUM...

O CASAMENTO DA BARATINHA

Você gostou da história lida pelo professor? Por que a Dona Baratinha não quis se casar com o boi nem com o carneirinho?

Você sabe fazer barulhos que assustam, que dão medo? E barulhos que deixam a gente feliz?

Que animal será esse? Será que esse animal nasceu de um ovo? Será que mama? Para que lado ele anda?

O que será que esse animal gosta de comer? Será que todas as bocas gostam de comer a mesma coisa?

Duas cabeças humanas em animal, de Ulisses Pereira Chaves.

UNIDADE 8

GOSTO DE APRENDER

- Recorte, monte e cole a imagem da página 149.
- Observe a imagem, procure e descreva as figuras e as cores que você vê.

COMO É BELA A NATUREZA!

A Feira, 1925, de Tarsila do Amaral.

- Que figuras são essas?
- Recorte as imagens da página 151. Veja com quais figuras elas se parecem e cole-as ao lado de cada uma delas.

COM QUE PARECE?

- Quais cores você conhece?
- Ligue cada elemento à cor indicada.

CORES

AZUL   VERDE   VERMELHA   AMARELA

122

- Recorte as figuras da página 151.
- Ordene e cole as ações em sequência.

VAMOS BRINCAR DE AMARELINHA?

123

- Ouça a leitura das adivinhas e desenhe a resposta para cada uma delas.

O QUE É, O QUE É?

ANDA, MAS NÃO TEM PÉ.	TEM COROA, MAS NÃO É REI.
SAPATO	ABACAXI

TEM BICO, MAS NÃO É PATO.	UMA CASINHA SEMTRANCA E SEM JANELA. DONA CLARA MORA NELA.
BULE/CHALEIRA	OVO

124

- Ouça a leitura das parlendas.
- Repita com os colegas para aprendê-las.
- Faça um desenho para cada uma delas.

PARLENDAS

OLHE O SAPO DENTRO DO SACO
O SACO COM O SAPO DENTRO
O SAPO BATENDO PAPO
E O PAPO SOLTANDO VENTO

Da tradição popular.

GATO ESCONDIDO
COM RABO DE FORA
TÁ MAIS ESCONDIDO
QUE RABO ESCONDIDO
COM GATO DE FORA

Da tradição popular.

ONDE ELES VIVEM?

- Observe e descreva a paisagem.
- Destaque as imagens dos animais e nomeie os que conhece. Diga alguma curiosidade que você sabe sobre eles.
- Cole cada um no lugar onde vive.

Materiais destacáveis: *Onde eles vivem?*

- Observe as imagens e comente o que você vê.
- O que você faz durante o dia? E à noite?
- Pinte somente as atividades que você realiza durante o dia.

É DIA OU NOITE?

- Observe a ilustração.
- Trace os caminhos e descubra a energia que cada aparelho utiliza.

COMO FUNCIONA?

128

- Assinale o que você consegue fazer sozinho.
- Desenhe o que você quer aprender e fazer sem ajuda.

JÁ CRESCI!

Observe a imagem e nomeie os animais que você conhece.

O que você sabe sobre eles?

- Pinte da mesma cor a roupa dos animais cujos nomes terminam com o mesmo som.

ANIMAIS EM FESTA!

- Observe a imagem e converse com os colegas a respeito dela.
- Na árvore sem frutos desenhe menos laranjas que a quantidade que há na outra.
- Desenhe no cesto vazio mais flores do que o outro tem.

Vamos jogar?
Acerto e cubro.

MAIS QUE, MENOS QUE

- Observe a imagem e comente-a com os colegas.
- Circule da mesma cor as abelhas iguais à indicada com o círculo vermelho.

TUDO É IGUAL

- Escreva nas etiquetas a quantidade de ovos que cada pássaro tem.
- Destaque as imagens dos ninhos e ordene-os da quantidade menor de ovos para a maior.

Materiais destacáveis: *Contar e ordenar.*

CONTAR E ORDENAR

Você conhece essa brincadeira?

- Vamos imitar o som dos animais?

LÁ VAI A BICHARADA!

LÁ VAI A BICHARADA
ANDANDO NA MATA
TODOS DEVEM SER...

MACACO!

LEÃO!

SAPO!

Você gostou da história lida pelo professor? A quem a formiguinha pediu ajuda para tirar a neve que prendia seu pé? Como ela pediu ajuda?

Acompanhe a leitura do trecho com o pedido que a formiguinha fez a Deus para que tirasse a neve do seu pé.

- O que você consegue ler? Conte aos seus colegas.

A FORMIGUINHA E A NEVE

DEUS, O SENHOR É TÃO VALENTE QUE

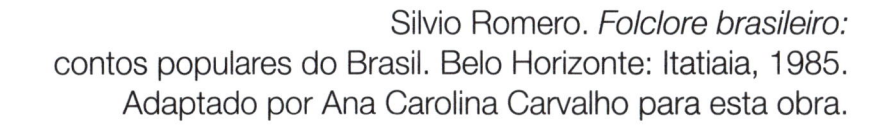

CRIOU O 🧍, QUE MATA A 🐆,

QUE DEVORA O 🐕, QUE MORDE O 🐈,

QUE COME O 🐁, QUE FURA A 🧱,

QUE PARA O 🌬️, QUE DESMANCHA A ☁️,

QUE ESCONDE O ☀️, QUE DERRETE A ⛰️,

A NEVE QUE PRENDE O MEU 🦶 ?

Silvio Romero. *Folclore brasileiro:*
contos populares do Brasil. Belo Horizonte: Itatiaia, 1985.
Adaptado por Ana Carolina Carvalho para esta obra.

Você reparou como os vestidos das moças da imagem estão rodados? O que será que elas estão fazendo? E os homens?

Observe como o artista Heitor dos Prazeres colocou detalhes como brincos, chapéus, sombrinhas.

Você viu onde eles estão dançando? Você consegue dançar segurando um objeto na mão?

Frevo, 1966, Heitor dos Prazeres.

Crédito de fotos

(da esquerda para a direita, de cima para baixo)

As imagens identificadas com a sigla CID foram fornecidas pelo Centro de Informação e Documentação da Editora Moderna.

p. 9   Photodisc/Getty Images; DK Stock/Robert Glenn/Getty Images

p. 10   Jerzyworks/Masterfile/Other Images; Kevin Dodge/Masterfile/Other Images; Britt Erlanson/Stone/Getty Images; Baerbel Schmidt/Stone+/Getty Images

p. 11   Delfim Martins/Pulsar; Jacek/Kino; Juca Martins/Olhar Imagem

p. 14   Photodisc/Getty Images; Photodisc/Getty Images; Sascha Burkard/Shutterstock; Mark Mawson/Robert Harding World Imagery/Getty Images; Photodisc/Getty Images

p. 20   Aldemir Martins – Coleção Umberto Mateus. Acrílica sobre tela, 27 × 46 cm.

p. 25   Rita Aprile; Marinez Maravalhas/CID; Marinez Maravalhas/CID

p. 26   Sérgio Dotta Jr.; Marinez Maravalhas/CID; Rita Aprile/CID

p. 36   Fabio Matsuura

p. 41   Zuzule/Shutterstock; Lenkadan/Shutterstock; Makarova Viktoria/Shutterstock

p. 50   Sérgio Dotta Jr./CID

p. 52   Fernando Favoretto/CID. Vaca em exposição na Avenida Paulista, São Paulo, durante a Cow Parade 2010.

p. 59   Julio Costa/Futura Press

p. 62   Fotos de Sérgio Dotta Jr./CID

p. 68   Tarsila Licenciamentos – Coleção particular. Óleo sobre tela, 85 × 73 cm.

p. 70   Panoramic Images/Getty Images

p. 84   Geoffrey Clements – Whitney Museum of American Art

p. 87   Fabio Colombini; G. Evangelista/Opção Brasil Imagens

p. 88   Rubens Chaves/Pulsar; Fabio Colombini; Fabio Colombini; Fabio Colombini

p. 89   Andy Crawford/Dorling Kindersley/Getty Images; Stockdisc/Getty Images; Stockbyte/Getty Images; Photodisc/Getty Images; Photodisc/Getty Images; Thinkstock/Getty Images; Maurício Simonetti/Pulsar Imagens

p. 91   Matton Bild SL/CID; Photodisc/Getty Images; Photodisc/Getty Images; Paulo Manzi/CID

p. 92   Photodisc/Getty Images

p. 100   Estúdio Aldemir Martins. Aldemir Martins. *Banana de São Tomé*. 1965. Nanquim e anilina sobre papel 27 × 27 cm.

p. 102   John W. Banagan/Stone/Getty Images; Frans Lanting/Corbis/Latinstock; Thorsten Milse/Robert Harding World Imagery/Getty Images

p. 103   John W. Banagan/Photographer's Choice/Getty Images; Marigo/SambaPhoto; Fabio Colombini; Corel/Stock Photos

p. 104   Corel/Stock Photos; David Tipling/Photographer's Choice/Getty Images; Yva Momatiuk & John Eastcott/Minden Pictures/Latinstock; Ken Graham/Stone/Getty Images; Chris Harvey/Stone/Getty Images; Corel/Stock Photos; Corel/Stock Photos; Corel/Stock Photos

p. 105   Alan Carey/Corbis/Latinstock; Fabio Colombini

p. 106   Winfried Wisniewski/Image Bank/Getty Images; Michael Blann/Image Bank/Getty Images

p. 107   Doug Perrine/Pacific Stock/Other Images; John Devries/SPL/Latinstock; Christopher Swann/SPL/Latinstock

p. 109   Fabio Colombini

p. 110   Fabio Colombini; Morales/Age Fotostock/Keystock

p. 111   André Seale/Pulsar; Andreas Von Einsiedel/Dorling Kindersley/Getty Images; Dave King/Dorling Kindersley/Getty Images; Hugo Willcox/Foto Natura/Minden Pictures/Latinstock; Mike Dunning/Dorling Kindersley/Getty Images; André Seale/Pulsar; Wil Meinderts/Foto Natura/Minden Pictures/Latinstock; Joe & Mary Ann McDonald/Visuals Unlimited/Getty Images

p. 113   Photodisc/Getty Images; Keydisc/Keystone; Photodisc/Getty Images; Corel/Stock Photos; Photodisc/Getty Images; Photodisc/Getty Images; Mark Mawson/Robert Harding World Imagery/Getty Images; Frank Greenaway/Dorling Kindersley/Getty Images

p. 118   Lucas Van de Beuque – Museu Casa do Pontal, Rio de Janeiro.

p. 122   Martin Harvey/Corbis/Latinstock; Corel/Stock Photos; Stockbyte/Getty Images; Stockbyte/Getty Images; Digital Vision/Getty Images; Sérgio Dotta Jr.; Stockbyte/Getty Images; Photodisc/Getty Images; Mitchell Warner/Pacific Stock/Other Images; Stockbyte/Getty Images; Rosemary Calvert/Photographer's Choice/Getty Images; Photodisc/Getty Images

p. 136   Heitor dos Prazeres. Coleção particular

p. 145   p. 91: Nicholas Eveleigh/Stone/Getty Images; Corel/Stock Photos; Corel/Stock Photos; Photodisc/Getty Images; p. 90: Stockdisc/Getty Images; Corel/Stock Photos; Stockdisc/Getty Images; Stockdisc/Getty Images; Photodisc/Getty Images; Stockdisc/Getty Images; Stockdisc/Getty Images

p. 147   Fabio Colombini; Chris Bangs/AFP/Getty Images; Hiroya Minakuchi/Minden Pictures/Latinstock; John Devries/SPL/Latinstock

p. 149   Tarsila do Amaral Educação – Coleção particular, São Paulo.

p. 151   Igor Kovalchuk/Shutterstock; MHP/Shutterstock; Carlos Contrera Novoa/CID; Shawn Hempel/Shutterstock; Photodisc/Getty Images; KConstantine/Shutterstock; Rodho/Shutterstock; Javier Jaime/CID; Tatik22/Shutterstock

O FAZENDEIRO E OS ANIMAIS
UNIDADE 3 (PÁGINA 43)

O QUE VAI APARECER?
UNIDADE 3 (PÁGINA 42)

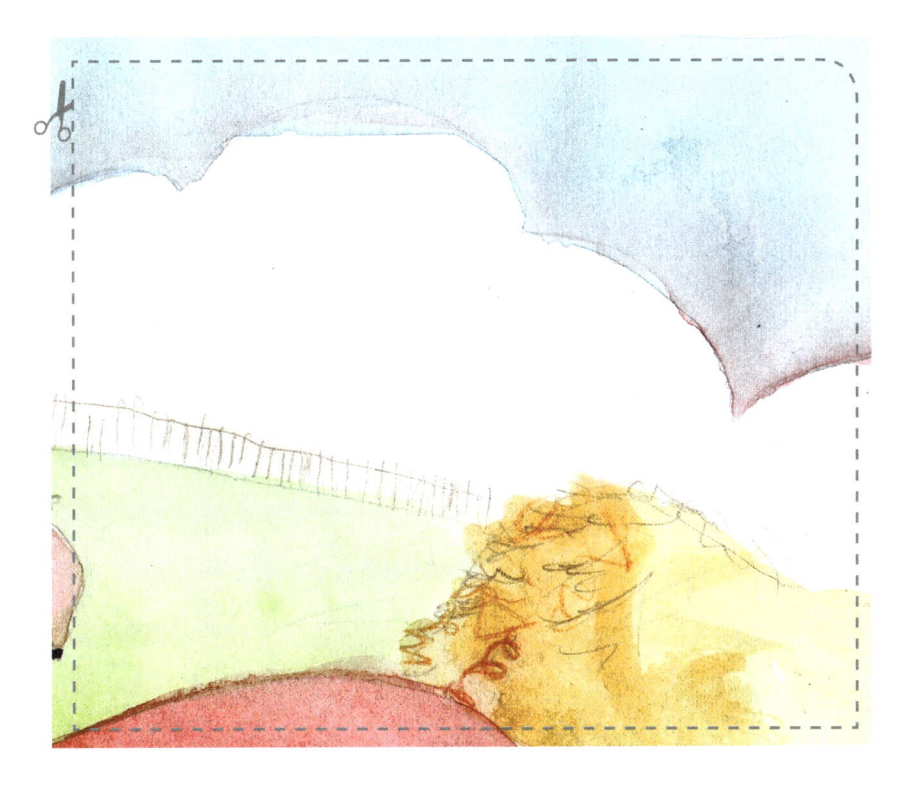

139

PEQUENO, MÉDIO E GRANDE
UNIDADE 4 (PÁGINA 63)

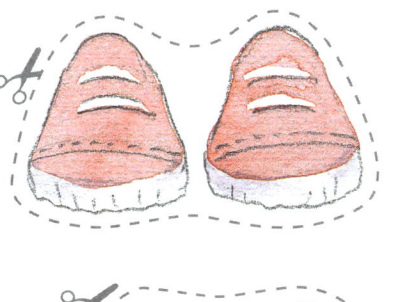

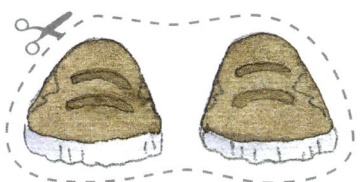

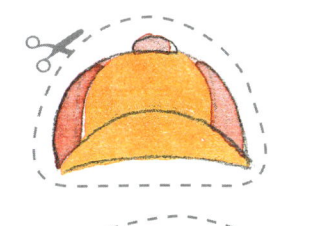

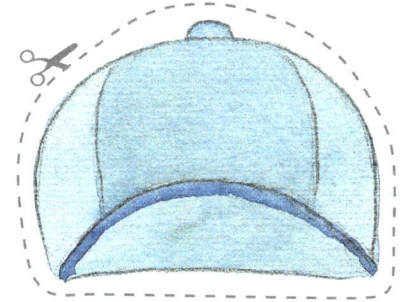

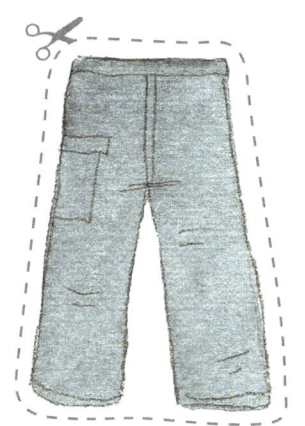

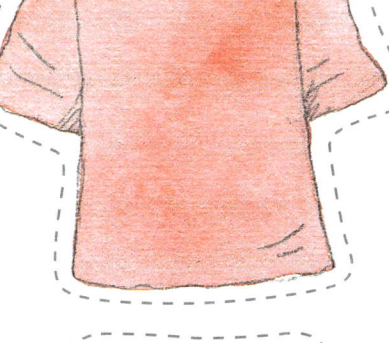

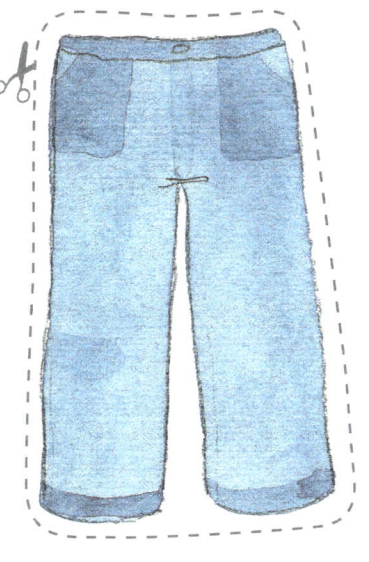

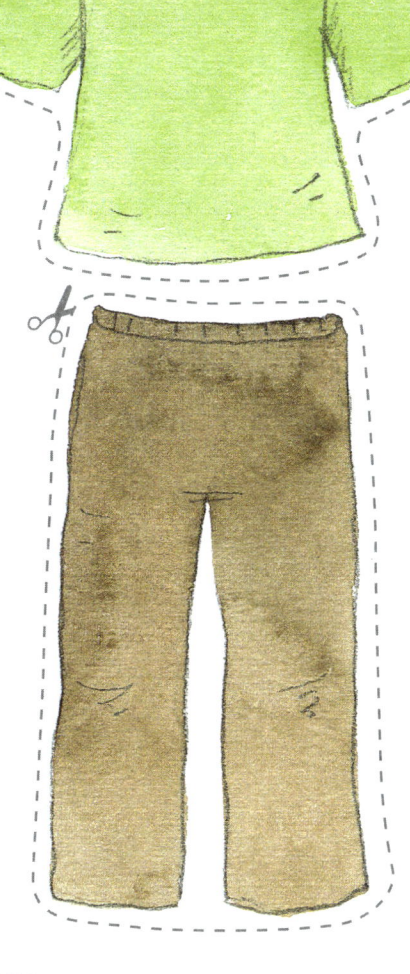

ESTÁ MUITO FRIO!
UNIDADE 4 (PÁGINA 57)

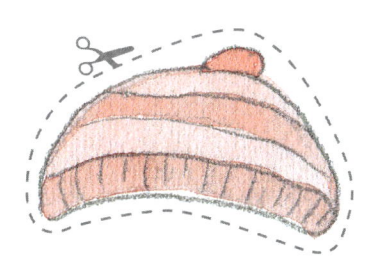

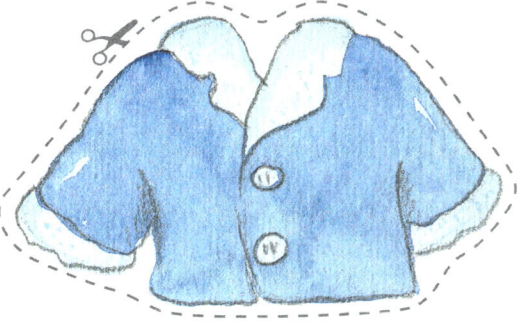

CENA DE CIRCO
UNIDADE 5 (PÁGINA 79)

UM CIRCO POR DENTRO
UNIDADE 5 (PÁGINA 71)

AS AVES
UNIDADE 3 (PÁGINA 45)

143

CADA FRUTO TEM A SUA SEMENTE
UNIDADE 6 (PÁGINA 91)

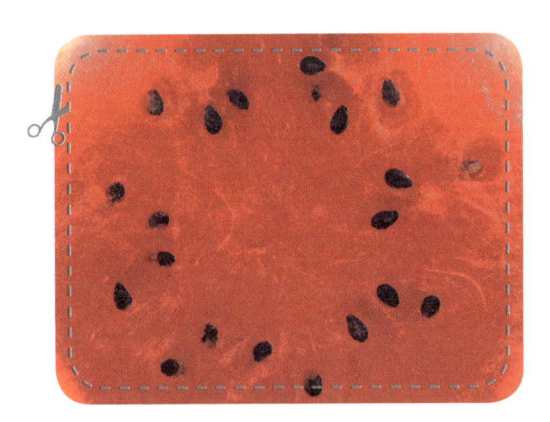

DE QUE VOCÊ GOSTA?
UNIDADE 6 (PÁGINA 90)

O LEÃO E O RATINHO
UNIDADE 5 (PÁGINA 83)

2.

4.

145

DE QUEM SÃO ESSES OVOS?
UNIDADE 7 (PÁGINA 109)

VOCÊ SABIA?
UNIDADE 7 (PÁGINA 107)

COMO É BELA A NATUREZA!
UNIDADE 8 (PÁGINA 120)

149

COM QUE PARECE?
UNIDADE 8 (PÁGINA 121)

VAMOS BRINCAR DE AMARELINHA?
UNIDADE 8 (PÁGINA 123)

BURITI MIRIM 1
Educação Infantil

Caderno de trabalho pessoal

Organizadora: Editora Moderna

Obra coletiva concebida, desenvolvida e produzida pela Editora Moderna.

Editora Executiva: Maria Virgínia Gastaldi

2ª edição

Moderna

Elaboração dos originais

Maria Virgínia Gastaldi
Mestranda em Psicologia da Educação, bacharel e licenciada em Ciências Sociais pela PUC de São Paulo. Coordenadora de Educação Infantil e professora em escolas públicas e particulares de São Paulo. Formadora de professores e coordenadores em escolas públicas e particulares. Membro da equipe de elaboração do RCNEI. Editora.

Alessandra Corá
Pós-graduanda em Especialização em Alfabetização pelo ISE – Instituto Superior de Educação Vera Cruz. Pedagoga pela UniFai de São Paulo. Professora de Educação Infantil e Ensino Fundamental e orientadora em escolas públicas e particulares de São Paulo. Editora.

© Editora Moderna 2010

≡Ⅲ **Moderna**

Coordenação editorial: Maria Virgínia Gastaldi, Alessandra Corá
Edição de texto: Alessandra Corá
Assistência editorial: Rosa Chadu Dalbem
Coordenação de *design* e projetos visuais: Sandra Botelho de Carvalho Homma
Projeto gráfico: Marta Cerqueira Leite
Capa: Marta Cerqueira Leite
  Arte e fotografia: Carlo Giovani Estúdio
Coordenação de produção gráfica: André Monteiro, Maria de Lourdes Rodrigues
Coordenação de arte: Maria Lucia Ferreira Couto
Edição de arte: Ana Miadaira, Patricia Costa
Ilustrações: Al Stefano, José Luís Juhas
Coordenação de revisão: Elaine Cristina del Nero
Revisão: Daniela Pita, Fernanda Marcelino
Coordenação de pesquisa iconográfica: Ana Lucia Soares
Pesquisa iconográfica: Elizete Moura Santos, Evelyn Torrecilla, Luciano Baneza Gabarron, Odete Ernestina Pereira
As imagens identificadas com a sigla CID foram fornecidas pelo Centro de Informação e Documentação da Editora Moderna.
Coordenação de *bureau*: Américo Jesus
Tratamento de imagens: Arleth Rodrigues, Bureau São Paulo, Fabio N. Precendo, Pix Art, Rubens M. Rodrigues
Pré-impressão: Helio P. de Souza Filho, Marcio Hideyuki Kamoto
Coordenação de produção industrial: Wilson Aparecido Troque
Impressão e acabamento: Lis Gráfica
Lote: 206306

ISBN 978-85-16-06721-2 (LA)
ISBN 978-85-16-06722-9 (GR)

Reprodução proibida. Art. 184 do Código Penal e Lei 9.610 de 19 de fevereiro de 1998.
Todos os direitos reservados
EDITORA MODERNA LTDA.
Rua Padre Adelino, 758 - Belenzinho
São Paulo - SP - Brasil - CEP 03303-904
Vendas e Atendimento: Tel. (0_ _11) 2602-5510
Fax (0_ _11) 2790-1501
www.moderna.com.br
2017
Impresso no Brasil

1 3 5 7 9 10 8 6 4 2

ESTE CADERNO DE TRABALHO PESSOAL PERTENCE A:

_____

_____

CLASSE: _____

ESCOLA: _____

_____

APRESENTAÇÃO

Este é um caderno para você colorir, desenhar e traçar do jeito que quiser. É um caderno só seu, para você usar sozinho ou, se preferir, conversando com os seus amigos sobre as cenas ilustradas ou sobre as formas e cores que desenhar.

Para você escolher as atividades nós colocamos, em cada página, um ícone indicando o que fazer. Conheça-os abaixo.

Desejamos que você aprenda enquanto se diverte.

ÍCONES

PINTE    DESENHE    LIGUE/TRACE 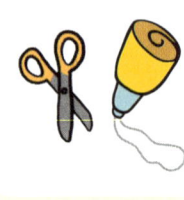   RECORTE E COLE

DESENHE   PINTE

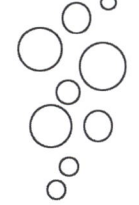

5

PINTE

PINTE RECORTE COLE

PINTE RECORTE COLE

COLE

9

COLE

LIGUE/TRACE   PINTE

11

LIGUE/ TRACE

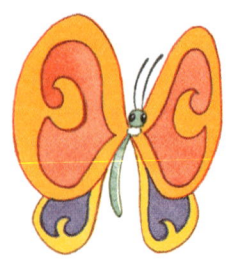

12

PINTE

LIGUE/
TRACE

14

PINTE

15

LIGUE/TRACE

16

DESENHE

17

• ENCONTRE OS 3 ERROS.

PINTE

PINTE

20

PINTE

LIGUE/ TRACE

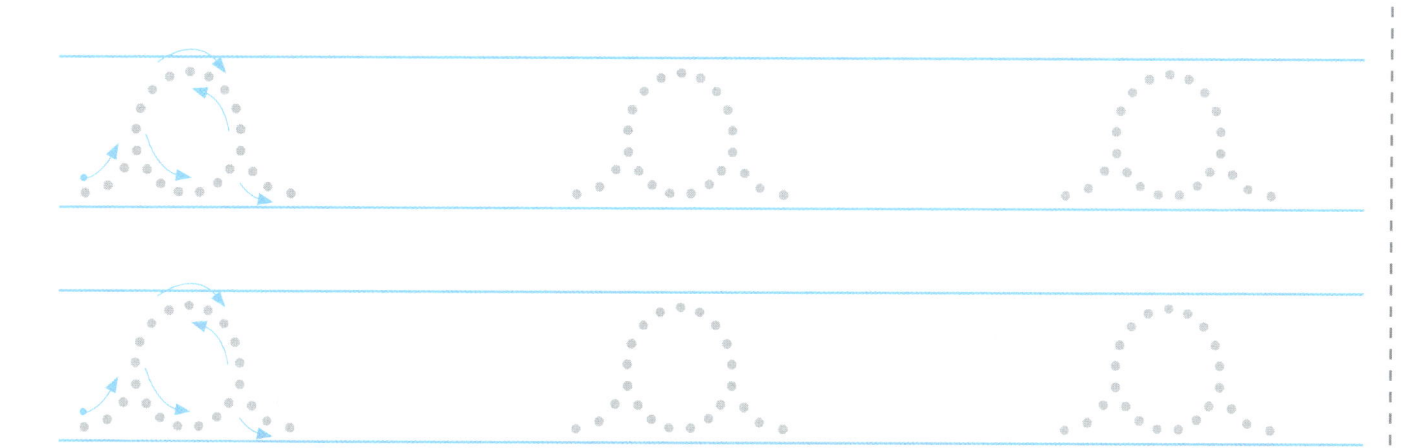

21

RECORTE   COLE

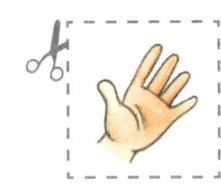

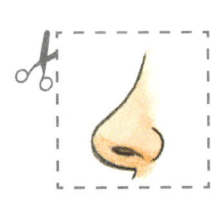

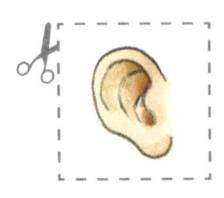

22

LIGUE/ TRACE

23

LIGUE/
TRACE

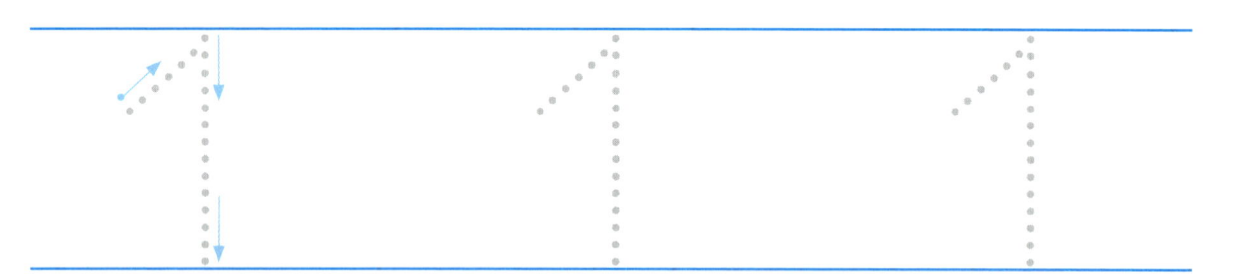

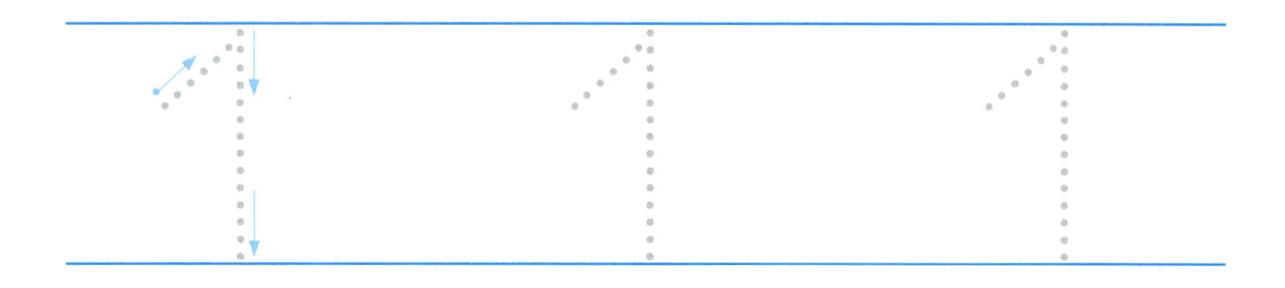

24

DESENHE

LIGUE/TRACE

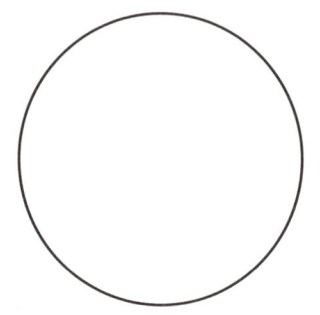

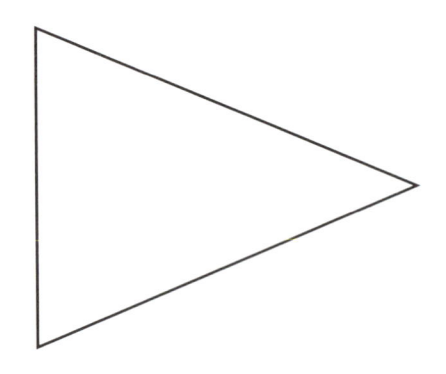

26

LIGUE/TRACE

LIGUE/
TRACE

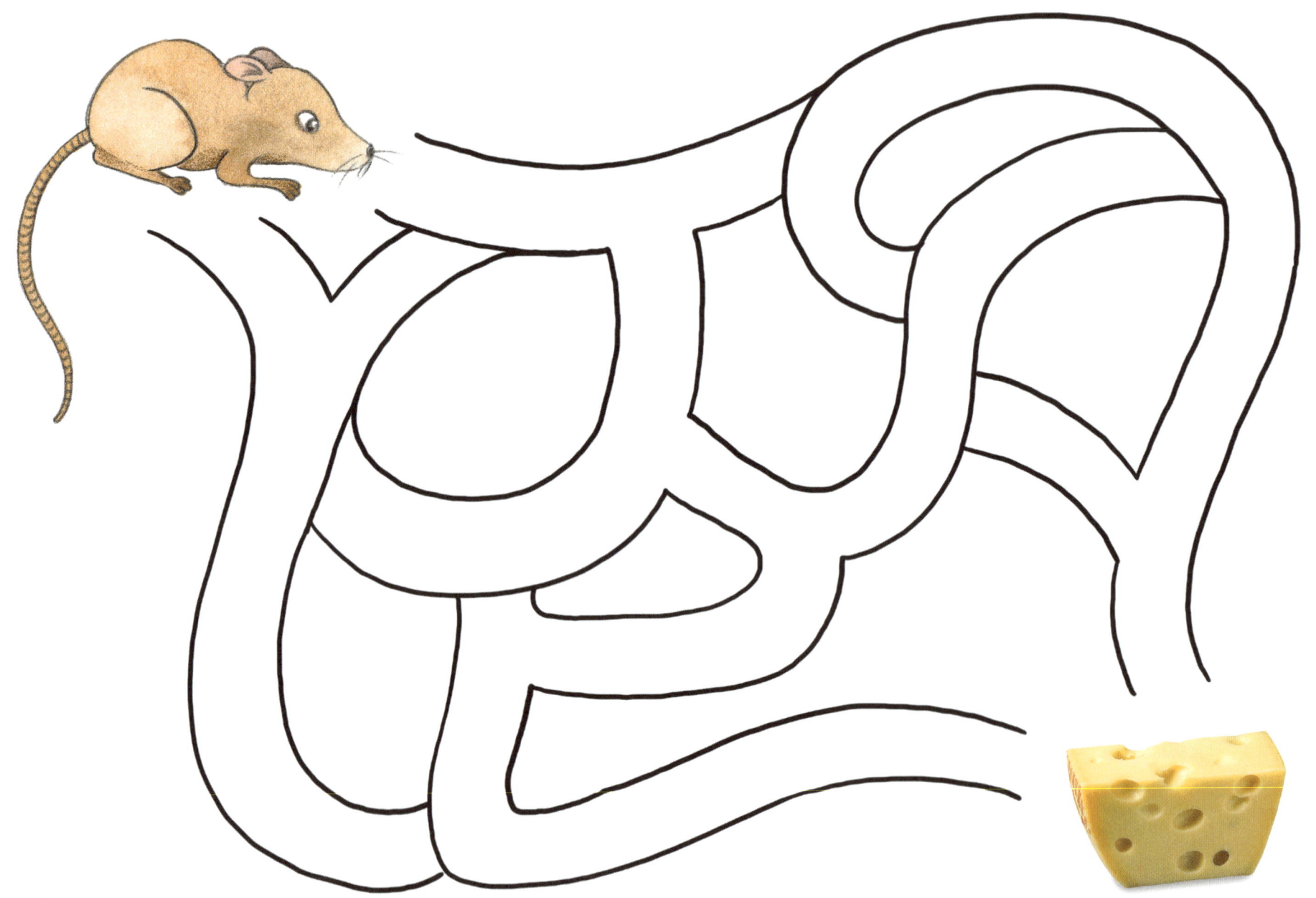

28

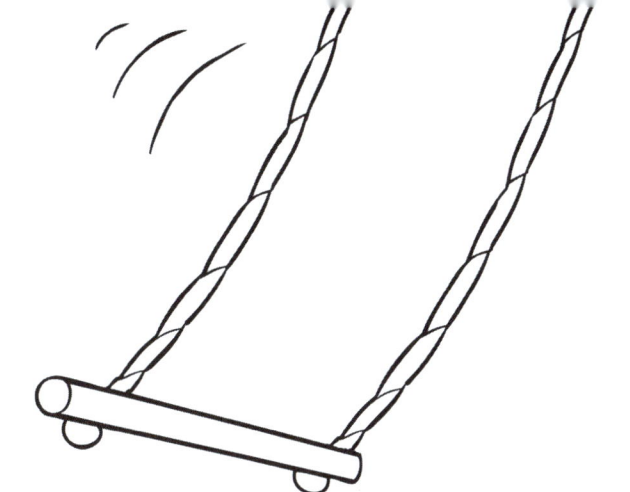

DESENHE

LIGUE/ TRACE

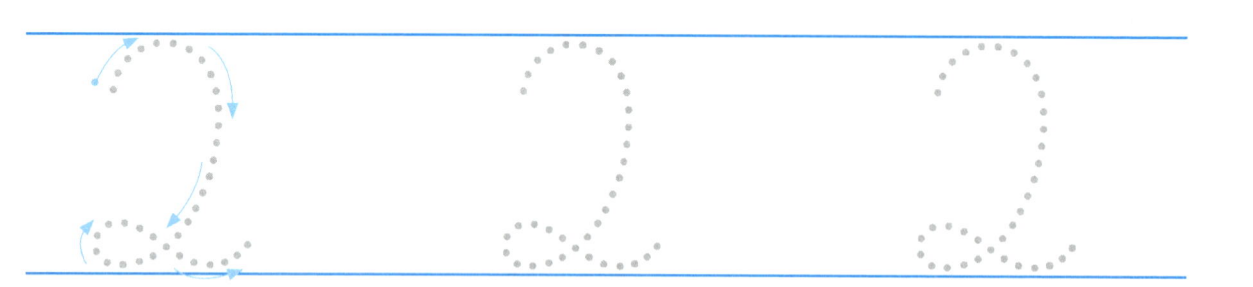

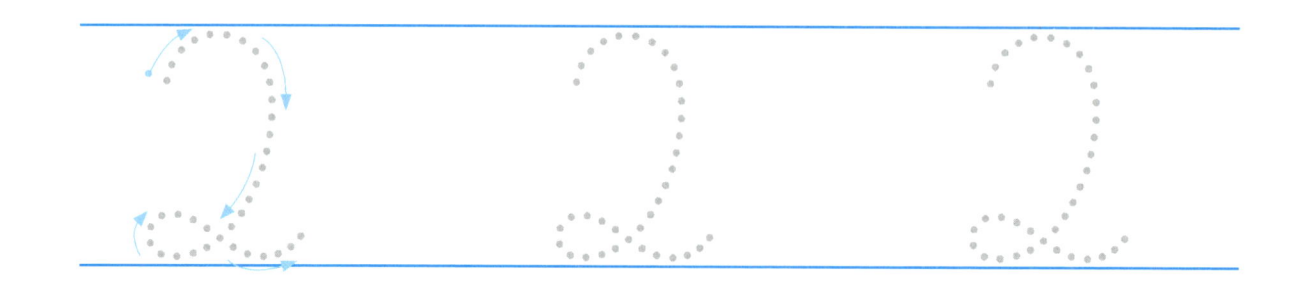

30

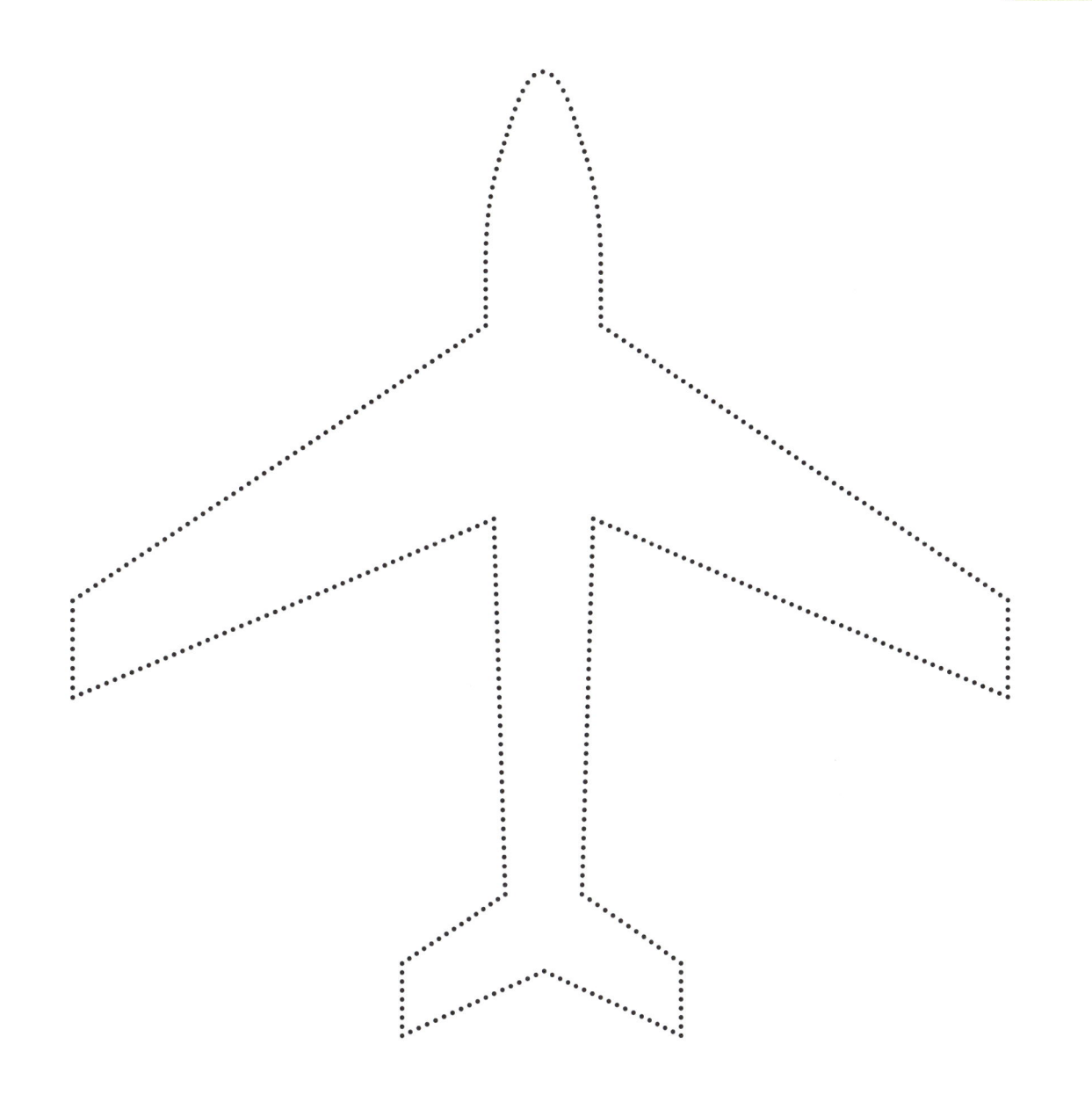

LIGUE/ TRACE   PINTE

PINTE

32

LIGUE/ TRACE

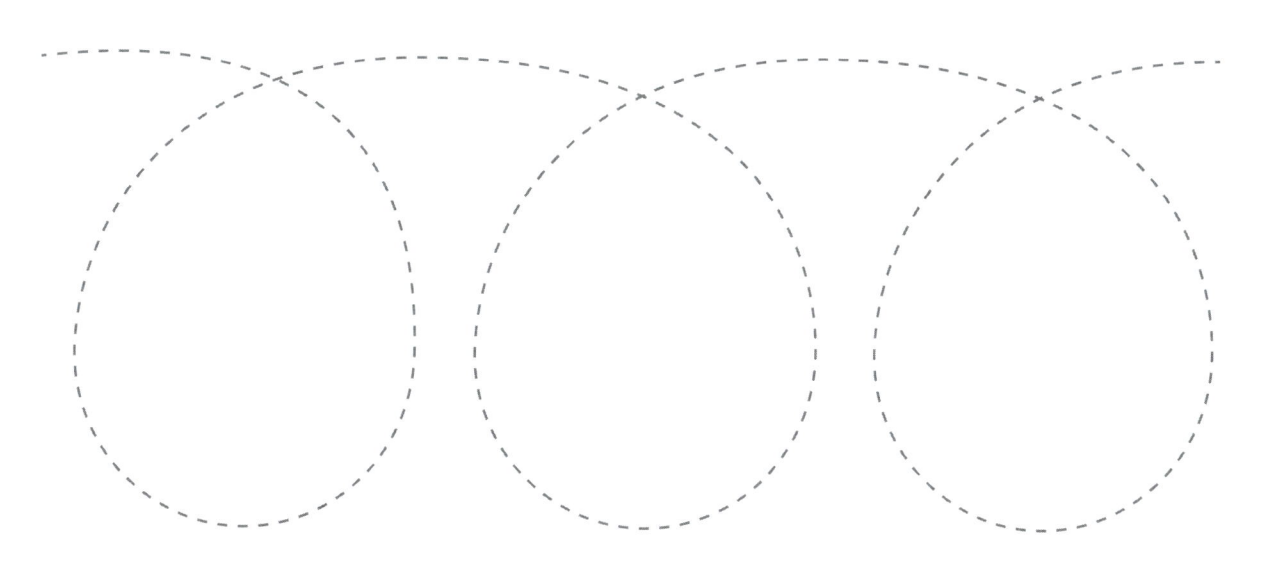

33

DESENHE   PINTE

34

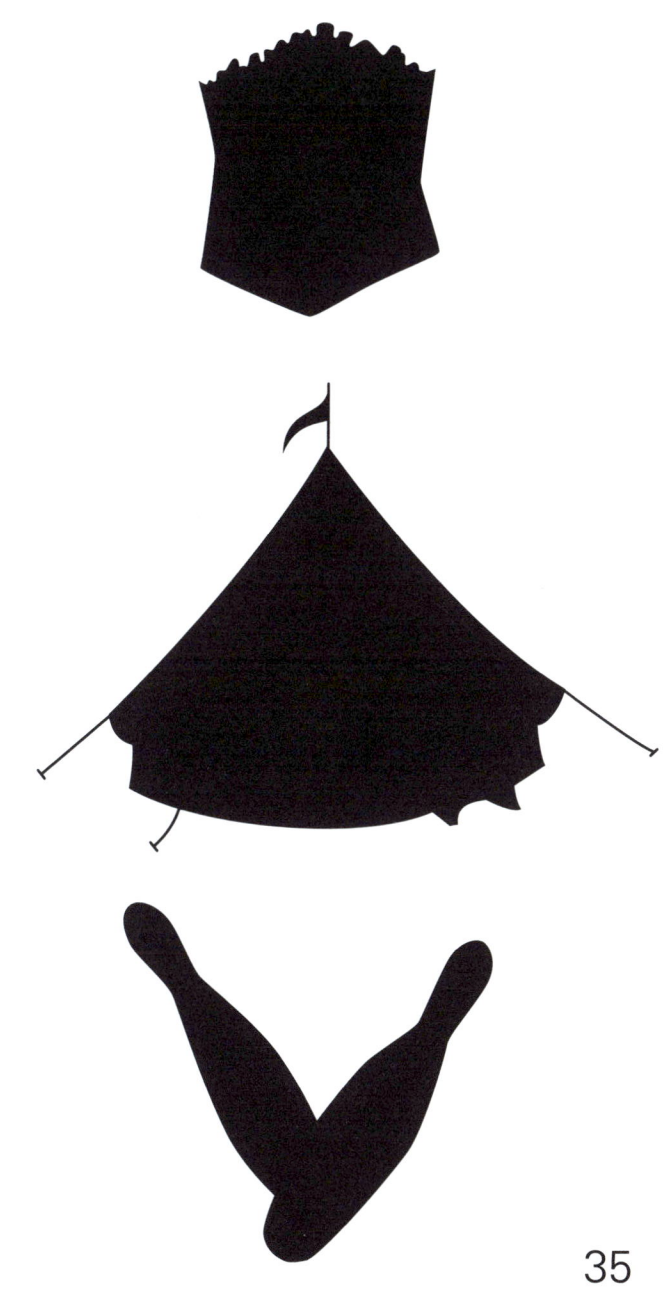

LIGUE/ TRACE

35

DESENHE

LIGUE/ TRACE

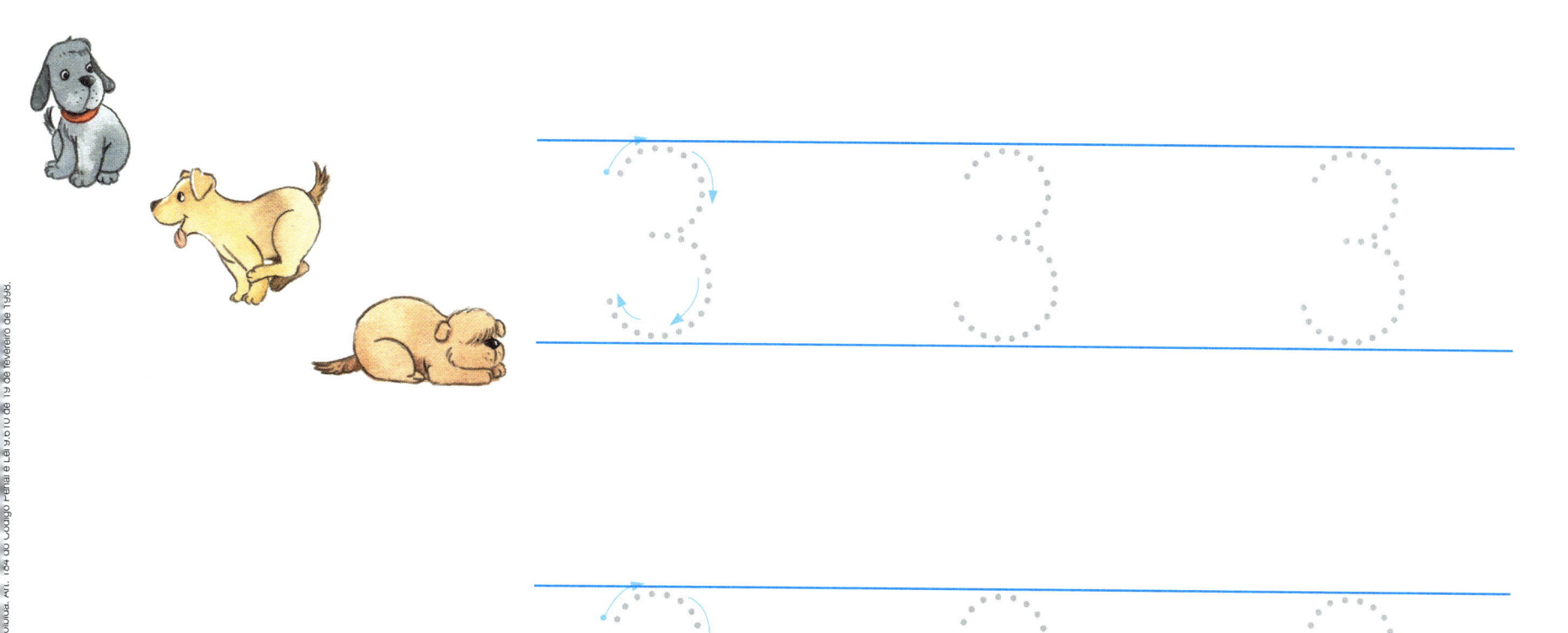

37

LIGUE/
TRACE

38

PINTE   LIGUE/TRACE

39

LIGUE/TRACE   PINTE

40

PINTE

LIGUE/
TRACE

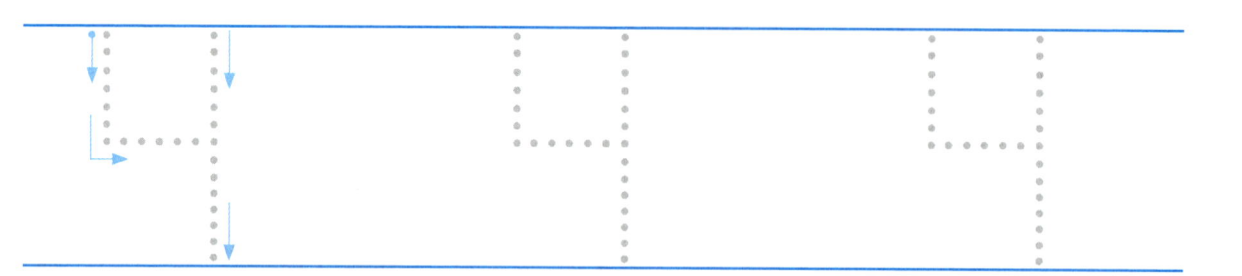

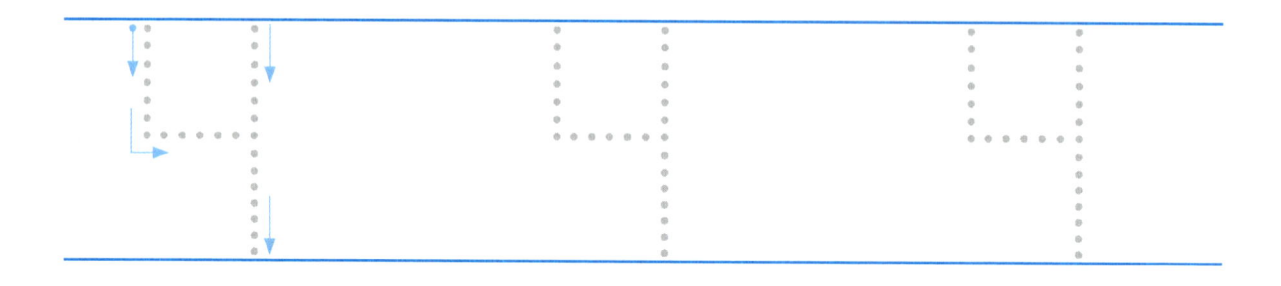

42

PINTE

43

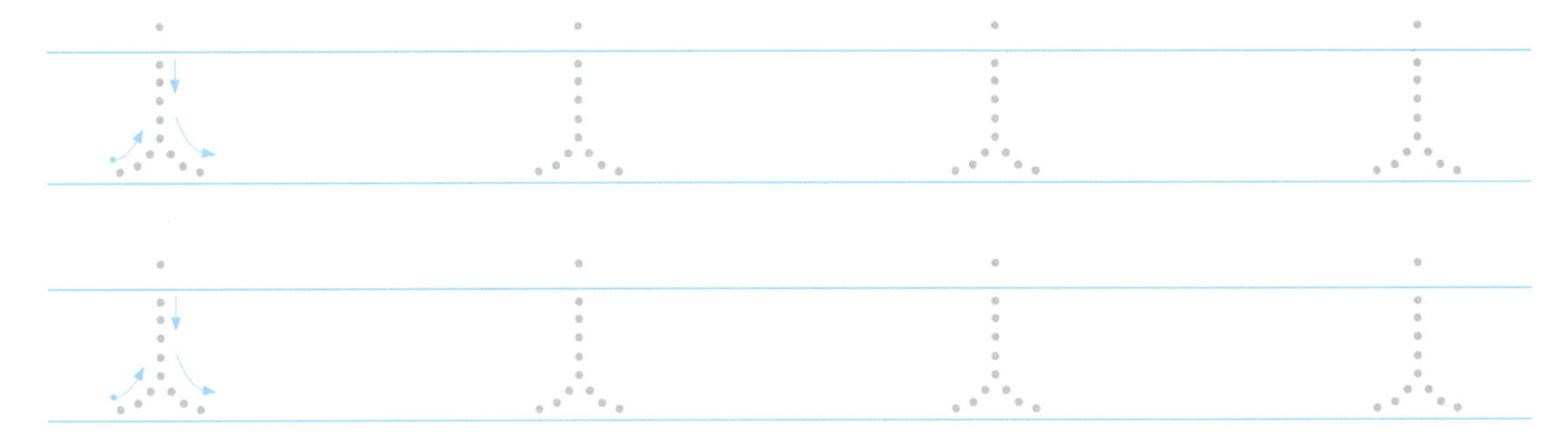

LIGUE/ TRACE   PINTE

44

- PINTE DE ACORDO COM A LEGENDA: DENTRO/FORA.

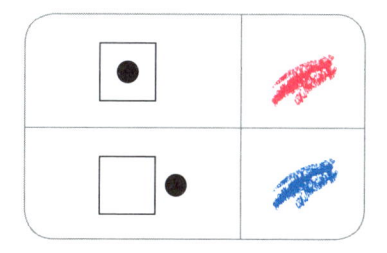

45

PINTE

- PINTE DE ACORDO COM A LEGENDA: EM CIMA/EMBAIXO.

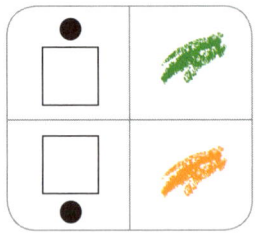

- ENCONTRE OS 5 ERROS.

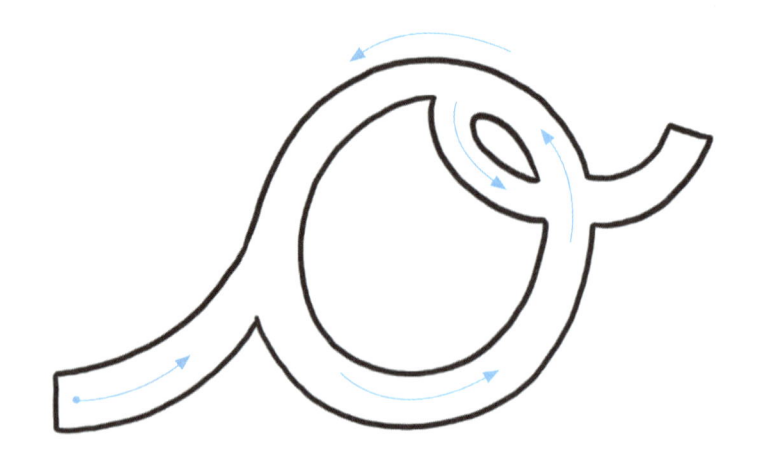

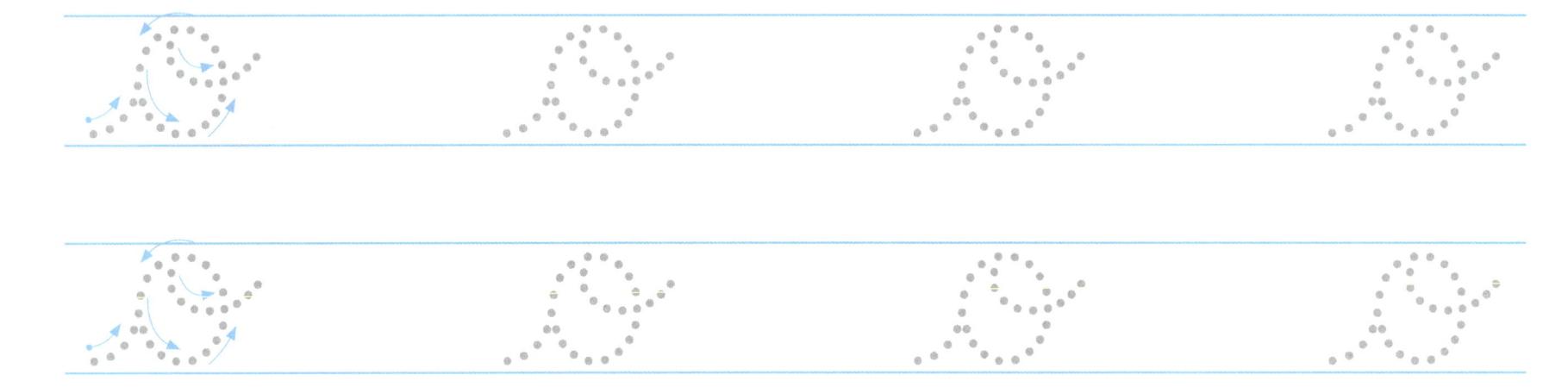

LIGUE/TRACE   PINTE

48

RECORTE COLE

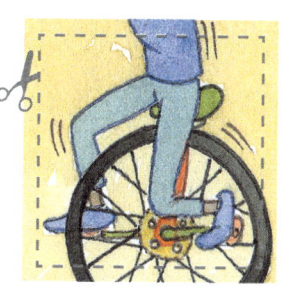

49

PINTE

RECORTE   COLE

51

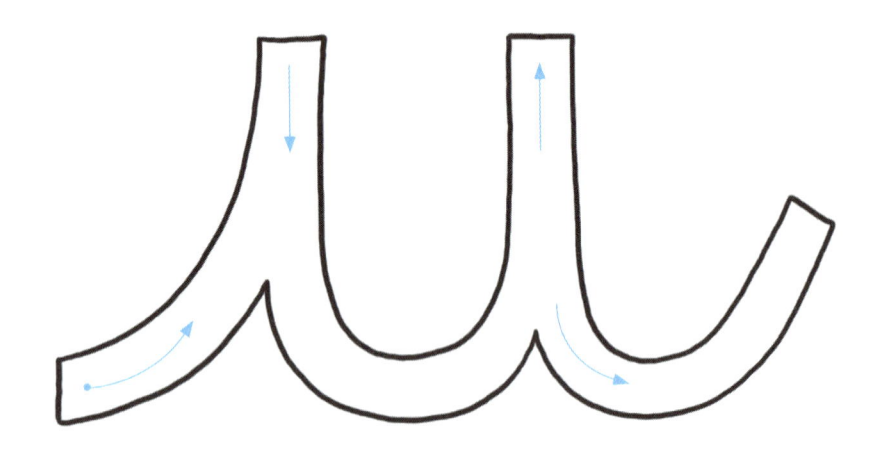

LIGUE/TRACE   PINTE

52

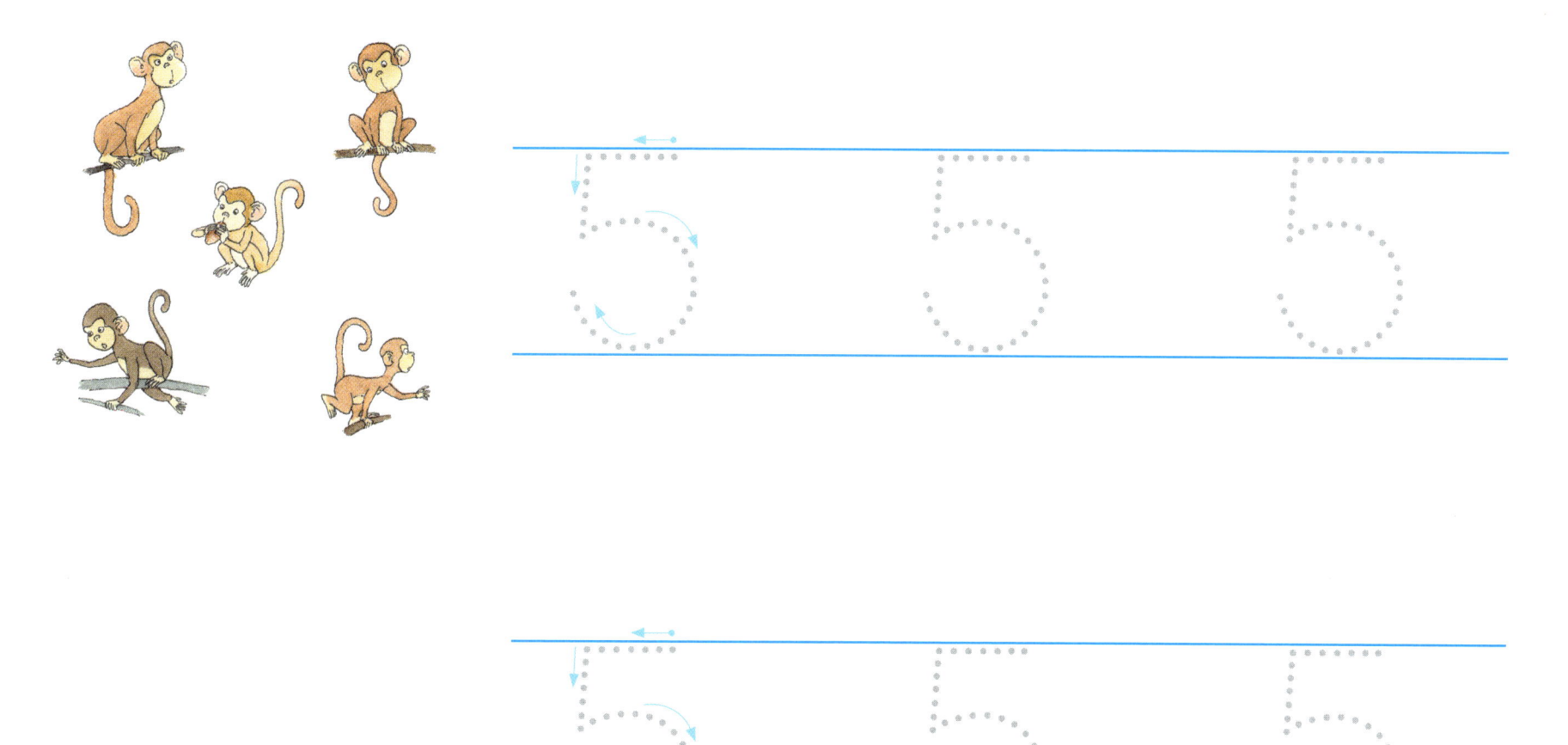

LIGUE/TRACE

53

DESENHE   PINTE

54

PINTE

RECORTE COLE

LIXO

LIXO

56

BURITI MIRIM 1
Educação Infantil

Caderno da família
Como a família pode participar e ajudar.

Organizadora: Editora Moderna
Obra coletiva concebida, desenvolvida e produzida pela Editora Moderna.

Editora Executiva: Maria Virgínia Gastaldi

2ª edição

Este material é parte integrante do livro Buriti Mirim 1. Não pode ser vendido separadamente.

Moderna

© Editora Moderna 2010

Moderna

Elaboração dos originais

Maria Virgínia Gastaldi
Mestranda em Psicologia da Educação, bacharel e licenciada em Ciências Sociais pela PUC de São Paulo. Coordenadora de Educação Infantil e professora em escolas públicas e particulares de São Paulo. Formadora de professores e coordenadores em escolas públicas e particulares. Membro da equipe de elaboração do RCNEI. Editora.

Alessandra Corá
Pós-graduanda em Especialização em Alfabetização pelo ISE – Instituto Superior de Educação Vera Cruz. Pedagoga pela UniFai de São Paulo. Professora de Educação Infantil e Ensino Fundamental e orientadora em escolas públicas e particulares de São Paulo. Editora.

Ana Carolina Carvalho
Psicóloga pela Universidade de São Paulo. Professora de Educação Infantil em escolas particulares de São Paulo. Psicanalista pelo Instituto Sedes Sapientiae. Formadora de professores em escolas públicas e privadas.

Emiliam Fátima da Cunha Santos
Pós-graduada em Psicopedagogia e pedagoga pelas Faculdades Integradas Campos Salles. Professora de Educação Infantil em escolas públicas e particulares de São Paulo. Coordenadora pedagógica e diretora em creches da rede conveniada de São Paulo. Formadora de professores e coordenadores pedagógicos em escolas públicas de São Paulo.

Coordenação editorial: Maria Virgínia Gastaldi, Alessandra Corá
Edição de texto: Alessandra Corá
Assistência editorial: Rosa Chadu Dalbem
Coordenação de *design* e projetos visuais: Sandra Botelho de Carvalho Homma
Projeto gráfico: Marta Cerqueira Leite
Capa: Marta Cerqueira Leite
    Arte e fotografia: Carlo Giovani Estúdio
Coordenação de produção gráfica: André Monteiro, Maria de Lourdes Rodrigues
Coordenação de arte: Maria Lucia Ferreira Couto
Edição de arte: Ana Miadaira, Patricia Costa
Editoração eletrônica: Criateria Comunicação
Ilustrações: DR2, Renato Moriconi, Simone Matias, Tati Móes, Vicente Mendonça
Coordenação de revisão: Elaine C. del Nero
Revisão: Afonso N. Lopes, Ana Cortazzo
Coordenação de pesquisa iconográfica: Ana Lucia Soares
Pesquisa iconográfica: Elizete Moura Santos, Evelyn Torrecilla, Luciano Baneza Gabarron, Odete Ernestina Pereira
As imagens identificadas com a sigla CID foram fornecidas pelo Centro de Informação e Documentação da Editora Moderna.
Coordenação de *bureau*: Américo Jesus
Tratamento de imagens: Arleth Rodrigues, Bureau São Paulo, Fabio N. Precendo, Pix Art, Rubens M. Rodrigues
Pré-impressão: Alexandre Petreca, Everton L. de Oliveira Silva, Hélio P. de Souza Filho, Marcio H. Kamoto
Coordenação de produção industrial: Wilson Aparecido Troque
Impressão e acabamento: Lis Gráfica
Lote: 206306

ISBN 978-85-16-06721-2 (LA)
ISBN 978-85-16-06722-9 (GR)

Reprodução proibida. Art. 184 do Código Penal e Lei 9.610 de 19 de fevereiro de 1998.
Todos os direitos reservados
EDITORA MODERNA LTDA.
Rua Padre Adelino, 758 - Belenzinho
São Paulo - SP - Brasil - CEP 03303-904
Vendas e Atendimento: Tel. (0__11) 2602-5510
Fax (0__11) 2790-1501
www.moderna.com.br
2017
Impresso no Brasil

1 3 5 7 9 10 8 6 4 2

Apresentação

Por que participar da vida escolar dos filhos é importante?

Quanto mais os pais sabem a respeito do que seu filho ou filha está estudando ou sobre o que acontece em sua vida escolar, mais elementos terão para formar uma boa parceria com a escola, no acompanhamento da criança ou em eventuais ajudas em seu percurso.

Este caderno pretende falar um pouco sobre isso. Ele informa o que será estudado por seu filho ou filha ao longo do ano, apresenta o *Buriti Mirim* e explicita a pertinência dos assuntos e temas abordados para as crianças de 3 anos, muitas vezes estabelecendo paralelos com sua fase de desenvolvimento. Também dá dicas de como estar mais próximo e compartilhar esta importante etapa da vida das crianças: os primeiros anos escolares.

É importante destacar que temos como objetivo apoiar a parceria entre escola e família, de modo que este caderno não pretende e não pode estar acima do diálogo sistemático e das formas de trabalho estabelecidas pela escola e pelo professor, uma vez que cada realidade é única.

Sumário

I. Família e escola: falando um pouco sobre essa parceria 6

II. Uma palavra aos pais sobre a importância da leitura 8

III. Apresentando o *Buriti Mirim* 12

IV. Conhecendo melhor o *Buriti Mirim* 14

    O conjunto de materiais da criança, 14

    O conjunto de materiais para o professor, 30

I. Família e escola
Falando um pouco sobre essa parceria

Sobre a Educação Infantil hoje

As mudanças ocorridas recentemente em nossa sociedade, com as mulheres cada vez mais inseridas no mercado de trabalho, alteraram a forma como as crianças têm vivido sua infância. Hoje, é frequente a entrada cada vez mais cedo na vida escolar.

Recentes pesquisas na área de educação e psicologia têm apontado a importância dos anos iniciais de vida na formação do ser humano. Já é consenso a noção de que esses anos afetam o desenvolvimento cognitivo, afetivo, social e até físico da criança. Também sabemos que frequentar boas escolas de Educação Infantil colabora de maneira positiva para o aproveitamento dos anos subsequentes da vida escolar. Essas considerações indicam a importância cada vez maior de uma Educação Infantil de qualidade.

A Educação Infantil repensa seu papel diante de tais questões e expande seu conceito de trabalho com crianças pequenas. Além dos cuidados, essenciais nessa faixa etária, e das atividades motoras, outrora vistas como foco principal da Educação Infantil, a escola, desde seus primeiros anos, deve ser um espaço em que a criança possa ser inserida na cultura em que vive, por intermédio das brincadeiras, cantigas, histórias e de todos os outros bens socioculturais disponíveis.

O *Buriti Mirim* é uma proposta atual. Incorporando as contribuições teóricas recentes de pesquisadores da área, ele busca acompanhar a trajetória da Educação Infantil, na direção de uma formação global da criança em seus anos escolares iniciais, que abarque seu desenvolvimento afetivo, intelectual e social.

Entre a escola e a família

A entrada na escola marca para a criança uma importante ampliação dos laços afetivos, possibilitando que, ao se relacionar com novos adultos e colegas, ela entre em contato com diferentes costumes, hábitos, valores, etnias e religiões. Ou seja, significa a entrada no mundo, além dos muros de sua casa e da família.

Quanto menor a criança, mais importante é a parceria entre a família e a escola, principalmente numa etapa em que a educação agrega o brincar e os cuidados orientados à elaboração de situações de aprendizagem.

Entendendo o cuidado como parte integrante da Educação Infantil e como possibilidade de ajuda ao outro em seu desenvolvimento como ser humano, podemos dizer que, quanto melhores forem a parceria e a comunicação entre a família e sua escola, mais a criança terá recursos para se desenvolver. Em outras palavras: quanto mais a escola conhecer a criança, mais elementos reunirá para ajudá-la em seu desenvolvimento; da mesma forma, quanto mais sintonizada a família estiver com o que a criança aprende na escola, mais recursos terá para ajudar seu filho ou filha em seu trajeto.

Ademais, toda criança se sente valorizada quando percebe um interesse das pessoas de casa naquilo que ela aprende na escola, um espaço tão importante em sua vida.

Por isso oferecemos a vocês, pais, orientações para conhecimento e uso do material que seu filho ou filha vai usar. A intenção é a aproximação da família com a vida escolar da criança para que possam compartilhar o que ela aprende na escola e, assim, potencializar o uso deste material.

Ambiguidade dos *slogans*: a escola e a família devem uniformizar suas atitudes educativas.
Francesco Tonucci. *Com olhos de criança*. Porto Alegre: Artmed, 2003. p. 154.

II. Uma palavra aos pais sobre a importância da leitura

Ler é conhecer o mundo

Crianças pequenas estão conhecendo o mundo. E normalmente são ávidas por esse conhecimento, perguntando-nos sobre tudo, desde as coisas mais simples até aquelas para as quais não temos a explicação nem a resposta certa.

Ler é um jeito de conhecer o mundo. Independentemente do tipo de texto que temos em mãos, sempre conhecemos um pouco daquilo que nos circunda. A leitura de romances e poesias pode nos levar à identificação com personagens ou à surpresa com as muitas possibilidades de vidas e sentimentos. Enciclopédias nos levam a conhecer as ciências e têm respostas para muitas coisas. Livros de receitas nos ensinam a fazer comidas e muitas vezes nos apresentam a cultura e o conhecimento de um povo ou lugar. Jornais e revistas nos informam sobre o cotidiano e fatos importantes, com suas variadas interpretações. São tantos os tipos e gêneros literários que, se fôssemos identificar cada um deles, teríamos uma enorme lista.

Quando lemos para crianças pequenas, estamos mostrando como é o mundo em que vivem em sua plenitude, com toda a sua complexidade de conhecimentos, abordagens, fatos, culturas, pessoas. Ajudamos as crianças a olhar, pensar e entender essa imensidão a que todos nós estamos expostos.

O que nossos filhos aprendem quando lemos?

Mesmo antes de poder ler por conta própria, quando entra em contato com o texto escrito, seja ele uma história, um poema ou um bilhete, a criança pensa sobre a língua escrita, conhecendo o código e elaborando hipóteses sobre seu funcionamento. Além disso, ao escutar a leitura de um texto escrito, ela vai se familiarizando com a função que ele tem em nossa sociedade: ao longo de diferentes experiências com variados tipos de texto, a criança vai percebendo que eles são usados em diferentes contextos, com variadas funções. Não lemos os textos da mesma maneira e para o mesmo fim: a leitura de um jornal é diferente da leitura de um conto, que é diferente da leitura de uma carta, e assim por diante.

A criança também pode obter informações importantes quando observa adultos, a quem é ligada afetivamente, lendo à sua volta. Além de pensar sobre a presença dos livros e textos na vida desses adultos que lhe são significativos, a criança pequena que observa seus pais lendo com frequência, provavelmente tomará os textos como algo de valor, interessando-se precocemente por eles.

Nesse sentido, a criança começa cedo seu processo de formação de leitor, desde o momento em que um adulto lê uma história ou poema para ela, mas também desde que observa os mais velhos em suas atividades leitoras. Dessa forma, quanto mais ela estiver exposta a um universo leitor (ou seja, a um ambiente em que se lê com frequência), mais informações terá acerca da língua escrita e da leitura: de como e por que se lê.

Ler é pertencer

Hoje em dia, muito se fala sobre a qualidade da convivência entre pais e filhos, pois poucos dispõem de uma grande quantidade de tempo com os pequenos. A leitura de um conto ou de um poema pode contribuir para uma aproximação, por ser um momento compartilhado, que reforça laços e afetos.

E as histórias, por que as lemos, afinal?

Sabidamente, as histórias vêm encantando os seres humanos desde a invenção da linguagem. E os contos de fadas, os contos maravilhosos ou os tradicionais, assim como as lendas, os mitos e as fábulas, estão vivos e são recontados há vários séculos, agradando e impressionando leitores de muitas gerações. Por que as histórias sobrevivem há tantos anos? Por que precisamos das histórias e da ficção em nossa vida?

As histórias nos falam daquilo que é humano. Contam-nos sobre medos, amores e paixões comuns a todos nós. Trazem, também, sentimentos que, queiramos ou não, estão dentro de todos, como a inveja, o ciúme e a raiva. Expõem desejos e apresentam sonhos. Cada ser humano, em sua singularidade, busca abrigo naquilo que é universal, procurando se identificar com personagens ou outras vidas. Buscamos ajuda para saber mais sobre nós mesmos.

As histórias descortinam, muitas vezes, um outro mundo, outras possibilidades de vida, outros caminhos. Fazem-nos pensar no diferente, conhecer outros mundos, igualmente humanos, que também nos dão a oportunidade de pensar sobre a nossa vida e circunstâncias, sobre nós mesmos, ainda que a partir do diverso.

Por que as crianças se encantam tanto por lobos, feras, sofrimentos e desventuras?

Em livros de contos de fadas não faltam histórias de medo e sofrimento. Princesas podem acabar felizes para sempre, mas antes disso passam por uma série de desventuras e provas, enfrentando a ira de madrastas, a pobreza ou outros infortúnios. Os porquinhos e cabritinhos penam nas garras de um lobo mau, até que possam estar sãos e salvos em suas casas. Meninos e meninas são abandonados pelos pais na floresta e também podem sofrer bastante nas mãos de madrastas ou gigantes antes que mereçam finais felizes.

Conhecendo o enredo dessas histórias, muitas vezes nos perguntamos se elas são mesmo adequadas a crianças tão pequenas. E, ao mesmo tempo, surpreendemo-nos com o encantamento que elas exercem nas repetidas vezes em que as lemos ou contamos. Por que será? Por mais felizes ou saudáveis que sejam (ou justamente por isso), as crianças não possuem apenas sentimentos bons dentro delas. Como todo adulto, elas também sentem medo, insegurança, raiva, ciúme. E as histórias as ajudam a olhar para tudo isso e entender que faz parte da vida e das relações. Que tudo isso é humano.

Com suas desventuras e reviravoltas, os contos de fadas e outras histórias revelam aos pequenos que as coisas boas e ruins que nos surpreendem ao longo de nosso caminho fazem parte da vida. Nesse sentido, as histórias, com toda a sua fantasia, mostram que a realidade, com todas as suas dificuldades, vale a pena.

III. Apresentando o *Buriti Mirim*

O *Buriti Mirim* é composto de um conjunto de materiais que procuram abarcar as necessidades e características das crianças de 3 anos, oferecendo também orientações aos professores e às famílias. Com um projeto gráfico adequado à faixa etária e um tratamento diferenciado das imagens e ilustrações, que as tornam ricas e atraentes, objetivamos atender a todos os envolvidos na ação educativa: as crianças, suas famílias e os professores. O *Buriti Mirim* é definido por:

❶ Um conjunto de materiais para a criança

Livro do aluno
Organizado com temas interessantes e desafiadores para as crianças, possibilita uma vivência integrada do conhecimento.

É composto de oito unidades temáticas, com atividades relacionadas a diferentes eixos de aprendizagem.

Caixa de jogos
Caderno de cenários e peças cartonadas para jogos envolvendo narrativas, construção, criação, conhecimento de mundo e linguagem.

Caderno de trabalho pessoal
Traz atividades que lembram os conhecidos passatempos, cuja função é entreter e oferecer situações em que as crianças possam lançar mão dos conhecimentos adquiridos na escola. Com comandos visuais, possibilita o uso livre e autônomo pela criança.

Caderno da família

Explicita a proposta e sugere formas de colaboração com o trabalho desenvolvido em sala de aula, promovendo assim um diálogo intenso da família com a escola.

❷ Um conjunto de materiais para o professor

Guia e Recursos Didáticos

Importante apoio ao trabalho do professor, orientando-o na condução das atividades, explicitando a elaboração e as concepções que embasam as atividades sugeridas às crianças.

Jogos cooperativos

Jogos de cooperação entre os participantes e de competição com o tabuleiro. Ou todos ganham ou todos perdem do tabuleiro. Tanto na vitória como na derrota, todos estão juntos.

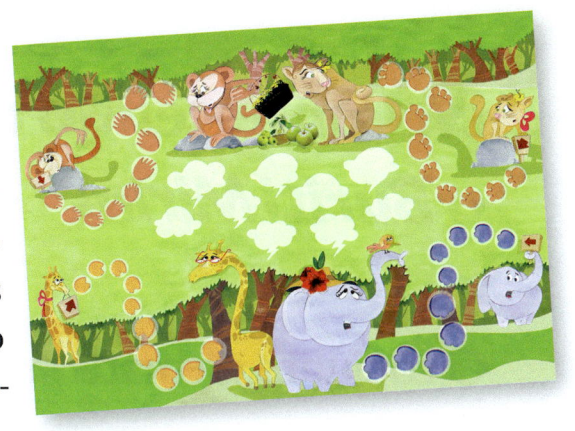

Jogando, a criança usa o que já sabe e aprende a cooperar e conviver em grupo, uma vez que brincando os jogadores se unem com o objetivo de enfrentar um adversário simbólico.

Livro de histórias

Apresenta uma versão bem cuidada de histórias conhecidas, com belas ilustrações. Os contos de fadas, por sua origem oral, permitem muitas leituras e versões. Escolhemos uma versão para cada história, sempre considerando a faixa etária atendida e esperando que nosso livro possa contribuir para que as crianças queiram ler e conhecer outras histórias ou outros modos de contar o mesmo conto de fadas.

CD

CD com imagens e canções apresentadas no livro do aluno, para acompanhamento das atividades ou fruição, valorizando especificidades da linguagem musical.

IV. Conhecendo melhor o *Buriti Mirim*

O conjunto de materiais da criança

❶ Caixa de jogos

A proposta da Caixa de jogos busca garantir momentos dedicados à expressão da criatividade e da imaginação das crianças, aspectos muito importantes para o desenvolvimento infantil. Indicada tanto para brincadeiras livres quanto para atividades dirigidas, desenvolve a coordenação motora e a organização pessoal. A criança pode usar os jogos sozinha ou com colegas; na escola, em momentos definidos pelo professor; ou em casa, em horários estabelecidos pela família.

Menino e menina para vestir que estimulam a criatividade e o jogo simbólico.

Figuras para jogos de construção em atividades que visam ao desenvolvimento da noção espacial, da criatividade e do reconhecimento de formas e cores.

Artistas e ambientes de circo para enriquecer os jogos simbólicos e narrativos com o conhecimento adquirido no estudo das unidades temáticas do livro.

Personagens e cenários das histórias para o incremento da imaginação criadora e dos jogos narrativos.

Pinos e marcadores para os diferentes jogos da unidade.

Como colaborar em casa

- **Conheçam a caixa de jogos**

    Ao receber a Caixa de jogos e o Caderno de cenários do material de seu filho ou filha, aproveitem para conhecer melhor os elementos que os compõem. Folheiem o Caderno de cenários, observando as peças cartonadas com personagens das histórias e dos temas das unidades, as figuras planas.

    O material é composto de muitos itens que vocês receberão em grandes folhas cartonadas. As peças precisam ser destacadas e organizadas na caixa para que seu filho ou filha aprenda a trabalhar e a brincar de forma organizada com materiais impressos.

- **Destaquem as peças**

    Vocês também poderão ajudar as crianças a destacar e organizar o material, separando as peças conforme as cores do verso e guardando-as nos boxes da caixa.

    Quando enviarem o material para a escola, pedimos que mandem também os suportes em que as peças cartonadas estavam presas, pois eles poderão fazer parte de atividades orientadas pelo professor.

- **Identifiquem o material**

    Informem-se com o professor de seu filho ou filha sobre o encaminhamento para identificação do material da Caixa de jogos. Caso fique definido que isso será feito pela família, não deixem de etiquetar o caderno com os cenários e de marcar as peças com o nome das crianças.

- **Organizem as divisórias**

- **Conversem sobre a conservação do material**

    Sugerimos que conversem com as crianças sobre a importância de conservar as peças organizadas para um bom aproveitamento dos jogos e para que não fiquem desfalcados, o que comprometeria as brincadeiras e atividades. É importante que as crianças aprendam a cuidar do material sem privar-se de manuseá-lo livremente.

    Um bom jeito de controlar essa organização é contar e marcar a quantidade de peças e conferir de tempos em tempos.

- **Brinquem com seu filho ou filha**

    Enquanto organizam as peças, vocês também podem aproveitar para brincar com seu filho ou filha. Esperamos, sinceramente, que esse seja um momento gostoso e divertido!

2 Livro do aluno

O projeto gráfico

Com o livro em mãos, vocês perceberão que ele está organizado em oito unidades, cujos temas fazem parte do cotidiano e/ou do interesse das crianças de 3 anos. Em todas as unidades, há atividades que tratam dos seguintes eixos de aprendizagem: linguagem e comunicação, relações matemáticas, exploração e conhecimento de mundo, desenvolvimento pessoal e social, expressão e apreciação artística, corpo e movimento.

As atividades de expressão e apreciação artística apresentam obras de arte de diferentes artistas. Observando-as e conversando sobre elas, as crianças alimentam-se de novas imagens e desenvolvem sua capacidade de comunicação.

A importância de oferecer às crianças belas imagens, cujas formas, cores e modos de retratar aspectos da realidade trazem novidades a elas, justifica-se pelo exercício de fruição das artes, bem como pelo aumento de repertório no desenho infantil. Não é nosso objetivo que a criança imite o artista, e sim que, de alguma forma, as informações que ela recolhe de uma obra estejam em seu repertório de imagens, na combinação de cores ou nas formas.

As crianças de 3 anos ainda estão na fase da garatuja, os conhecidos rabiscos infantis. A beleza do desenho de uma menina ou de um menino de 3 anos não está na capacidade de figuração que, nessa idade, normalmente eles ainda não têm, mas nas cores que usam, na intensidade dos traços e nos caminhos que podem realizar no papel.

Os textos dirigidos às crianças estão escritos sempre em letra de fôrma maiúscula (caixa-alta ou letra de imprensa), para facilitar a leitura e o reconhecimento dos textos escritos.

Orientações que contextualizam e introduzem o tema tratado na página, destacando o encaminhamento sugerido para a atividade.

Além das imagens e dos textos, as unidades contêm ao menos uma brincadeira corporal. Conhecer as capacidades corporais, reconhecer movimentos e limites do corpo são aspectos diretamente relacionados ao desenvolvimento de habilidades motoras, da autonomia e da identidade das crianças – muitas vezes, as crianças pequenas se definem pelo que já sabem fazer corporalmente. As brincadeiras em grupo favorecem a interação entre os colegas, possibilitando lidar com as regras, a espera da vez e o convívio com outras crianças. As brincadeiras tradicionais, além disso, inserem a criança na cultura, pois fazem parte de nossa tradição.

Boas imagens alimentam a expressão da criança.

| Neste material, vocês ainda encontrarão atividades destinadas especificamente ao tema da autonomia das crianças. Essas atividades abordam sobretudo as ações que costumam fazer parte de seu cotidiano e que elas podem aprender a fazer sozinhas, colaborando para seu desenvolvimento e autoestima – a criança sente-se muito orgulhosa ao perceber-se capaz de enfrentar as situações do dia a dia.

A aproximação com a alfabetização como eixo norteador do trabalho

Em todas as unidades, há histórias, parlendas e letras de música de nossa tradição popular ou de compositores da música popular, as quais encantam as crianças pequenas por sua sonoridade, ampliam seu vocabulário e o conhecimento desses tipos de texto e, ainda, estimulam a fruição propriamente dita. Em várias unidades, vocês também encontrarão algumas brincadeiras baseadas em parlendas ou poemas. Brincar com palavras é saber mais sobre a língua portuguesa, pensar sobre ela e ganhar intimidade em seu uso e plasticidade.

As atividades de escrita e de leitura orientadas pelo professor estão bastante presentes, mesmo nas situações em que o objetivo final é bastante diverso do ler e escrever, como acontece, por exemplo, em algumas atividades corporais, nas quais as crianças são convidadas a reconhecer palavras repetidas na música da brincadeira. Assim também acontece com os números, cada vez mais presentes nos vários contextos de atividades deste material. Acreditamos, sim, que as crianças de 3 anos já têm conhecimentos sobre a língua escrita e a matemática e podem aproveitá-los nas mais diversas situações cotidianas, plenas de significado para elas.

Além dos textos, das imagens, das brincadeiras e das atividades aqui presentes, sugerimos que, na medida do possível, todos os temas deste material façam parte das brincadeiras, das conversas, da rotina e da convivência de vocês com seu filho ou filha. Pretendemos, assim, alimentar de maneira saudável a relação de vocês, a fim de contribuir para o pleno desenvolvimento da criança.

Como colaborar em casa

- ### Ler e conversar sobre os temas do livro

Leiam todos os itens da unidade com seu filho ou filha, procurando conversar sobre os temas que aparecem, perguntando e ouvindo o que têm a dizer sobre cada um, acrescentando novas informações a eles. Nessa idade, as crianças desenvolvem com intensidade a linguagem oral, aumentam o vocabulário e fazem uso de estruturas de fala mais complexas. O desenvolvimento da linguagem oral é gradativo e se dá tanto graças às situações de conversa a que a criança é exposta quanto em consequência do contato com a língua escrita, com a leitura de histórias, poemas, bilhetes e outros tantos textos de nossa cultura.

Quando conversamos com as crianças pequenas, é importante que as tratemos como verdadeiros interlocutores, sem desprezar ou menosprezar suas falas e opiniões, escutando e respondendo de forma que evitemos falas mais infantilizadas ou propositadamente "erradas", que acabam não levando a criança muito a sério.

- ### Ler e escrever com as crianças

Nos momentos em que a escrita aparece, é sempre bom escrever em letras maiúsculas e de fôrma, lendo para a criança o que se escreve. Mesmo que não conheça muito as letras e ainda esteja longe de aprender a ler e escrever convencionalmente, a criança pequena normalmente tem uma grande curiosidade pelo mundo da escrita e já pode pensar muitas coisas sobre o código. Hoje em dia, sabemos que o fato de viver em uma cultura letrada oferece às crianças muitas informações sobre as funções da escrita. Quanto mais contato com a escrita elas tiverem, mais elementos vão reunir para pensar sobre ela, iniciando seu processo de letramento.

- ### Respeitar os tempos da criança

Enfim, o que de fato poderá ajudar crianças de 3 anos em seu percurso de aprendizagem da escrita e da leitura? A melhor forma de ajudá-las é, como dissemos, acompanhar sua vida escolar, interessar-se por ela, compartilhar momentos de leituras diversas, responder às perguntas que fazem e deixar que o tempo de que necessitam para as novas e tão importantes aprendizagens se encarregue das questões de desenvolvimento e maturação.

O conteúdo geral das unidades

Cada um dos conteúdos selecionados como temas das unidades foi escolhido por ser assunto de importância para a formação pessoal e social das crianças e, sobretudo, por despertar grande interesse nessa faixa etária.

Esses conteúdos têm o potencial de envolver as crianças na medida em que as provocam a realizar descobertas e avançar em seus saberes nas diferentes áreas do conhecimento.

A família tem um papel importante nesse processo, podendo ajudar muito a tornar os conteúdos ainda mais significativos e interessantes.

As intervenções feitas em família, entretanto, devem ter um caráter diferente das que ocorrem na escola. Conheçam melhor as propostas de cada unidade de estudo e saibam mais sobre como colaborar com as crianças em casa lendo os textos a seguir.

Como colaborar em casa

Em casa, a continuidade dos estudos deve acontecer em contextos de jogos e brincadeiras, em situações de lazer e em conversas que promovam o convívio, a troca de opiniões e de ideias entre a criança e sua família.

Retomar o repertório de brincadeiras e jogos sugeridos nas unidades, ler os textos do livro para se divertirem juntos, planejar passeios relacionados aos temas de estudo, procurar materiais sobre o assunto estudado, trazer à tona uma notícia ligada a algo que estejam pesquisando na escola —, esses são os tipos de ajuda com que a família pode e deve contribuir.

UNIDADE 1 — Prazer em conhecer

Esta unidade trata de temas relacionados à construção da identidade das crianças. Nela serão abordados desde o reconhecimento do próprio nome como identificação de si mesmas e de seus objetos pessoais até a caracterização de aspectos de sua vida pessoal, como a formação e a origem de sua família, o lugar onde moram, os hábitos que fazem parte de seu cotidiano etc.

Esse eixo de trabalho faz muito sentido para as crianças, pois nessa idade estão em pleno processo de formação da personalidade, procurando formas de se expressar e de entender o mundo e buscando se afirmar por meio da imitação, da oposição e da sedução.

Como colaborar em casa

A entrada na escola é um momento novo e muito especial na vida das crianças por representar o estabelecimento de novas relações sociais, entre outros motivos.

O nome próprio é uma escrita que tem grande valor nesse processo, pois ele marca que a criança faz parte desse novo grupo, marca quais são seus pertences e suas produções. Assim, o trabalho com os nomes ganha destaque nesta unidade. Quando a professora solicitar, contem para seu filho ou filha a história de seu nome: como foi escolhido? Quem participou dessa escolha?

Contem também a respeito de sua formação familiar, resgatem fotos e histórias, falem sobre a origem de seus parentes antepassados, aproveitando esses momentos com a criança.

Por fim, planejem um tempinho para conversar sobre como foi o dia na escola. As crianças estarão vivendo um momento de muitas novidades e de apropriação de uma rotina diferente, a rotina escolar, por isso terão muitas coisas para contar.

| UNIDADE 2 | Minha escola, meus amigos |

Muitas crianças estão frequentando uma escola pela primeira vez, por isso é importante que conheçam bem esse espaço e seu funcionamento, assim como as pessoas com quem vão interagir no decorrer de todo o ano.

As atividades propostas nesta unidade visam favorecer esse conhecimento e possibilitar que as crianças se apropriem gradativamente da rotina escolar, estabelecendo relações entre as atividades desenvolvidas dentro e fora da escola.

Apresentam também propostas que favorecem a socialização das crianças, como rodas de conversas temáticas e brincadeiras, que permitirão a elas conhecer melhor umas às outras e servirão de base para a construção da identidade do grupo.

Como colaborar em casa

Ao visitar a escola, procurem conhecer os outros profissionais que lá trabalham, além do professor, assim poderão cumprimentá-los pelo nome. Procedendo dessa maneira, vocês ajudarão seu filho ou filha a aproximar-se desses outros adultos e tê-los como referência. A criança vai descobrir que também pode contar com essas pessoas quando precisar de algum tipo de ajuda, e isso trará mais segurança.

Além disso, ao tratar os profissionais da escola usando palavras de cortesia e de cumprimento, vocês estarão atuando como bons modelos de cidadãos: lembrem-se de que as crianças são grandes observadoras de nossas atitudes e experimentam o mundo imitando algumas delas.

Demonstrem interesse pelos conteúdos trabalhados na escola folheando o livro de atividades com seu filho ou filha, releiam histórias e parlendas já lidas pelo professor; nos fins de semana, peçam que ensine as brincadeiras que já aprendeu. Assim vocês mostrarão à criança que valorizam suas vivências na escola.

UNIDADE 3 — Na fazenda

O mundo animal é um dos temas pelos quais as crianças se interessam muito, e o cenário da fazenda permite reunir uma variedade de animais interessantes e bastante conhecidos por elas.

Nesta unidade o grupo será convidado a colocar em jogo tudo o que sabe sobre os animais que vivem em fazendas.

Nesse contexto, além de ampliar suas representações e saberes acerca do assunto, o grupo será desafiado com jogos e atividades de língua e matemática.

Como colaborar em casa

Aproveitem que as crianças estão às voltas com esse tema de estudo e conversem também em casa sobre o que sabem a respeito da vida na fazenda. Se for possível, assistam juntos a filmes que tenham esse universo como cenário, assim estarão ajudando a ampliar o que seu filho ou filha sabe, e isso possibilitará que leve contribuições para seu grupo. É muito prazeroso para as crianças perceber que os pais se interessam pelo que estão estudando.

Se conhecerem alguém que mora ou morou em fazenda, planejem um encontro da criança com essa pessoa e ajudem-na a antecipar as perguntas que gostaria de fazer.

UNIDADE 4 Meu corpo

As crianças estão vivendo um momento de importantes conquistas. A cada dia descobrem que podem fazer muitas coisas sozinhas, quer dizer, sem precisar da ajuda de um adulto o tempo todo.

Cuidar do próprio corpo é uma dessas conquistas.

Por essa razão, a abordagem de temas relacionados aos cuidados pessoais merece lugar de destaque nas conversas com os pequenos.

Nomear partes do corpo, fazer descrições de si mesmos, contar e comparar são alguns dos desafios que encontrarão nas páginas desta unidade.

Como colaborar em casa

Nos momentos de higiene, conversem com seu filho ou filha e ajudem-no a conhecer melhor o nome das partes do próprio corpo.

Sobretudo nos momentos de higiene bucal e de lavagem das mãos, ajudem-no a observar que há uma série de procedimentos que garantem a qualidade da higiene. É importante vocês irem narrando oralmente as ações enquanto as realizam; dessa maneira as crianças, além de se apropriar de bons hábitos, poderão compartilhá-los com outros colegas. Essas aprendizagens básicas, se construídas agora, vão seguir com eles por muito tempo de sua vida.

Ao visitar consultórios dentários, ou postos de saúde, observem se há folhetos de orientação para higiene; se houver, leiam-nos com seu filho ou filha e conversem sobre a forma como realizam esses procedimentos em casa.

UNIDADE 5 — Circo

O tema circo justifica-se tanto pelo que essa manifestação cultural tem de fascinante para as crianças, nas figuras do palhaço, do domador ou do trapezista, quanto pelo que existe em torno desse espetáculo: músicas, brincadeiras, enfim, um patrimônio cultural interessante para as crianças. Conhecer o circo e sua organização é também conhecer o mundo, ampliando as fronteiras da vida da criança para outras realidades.

Nessa idade, a criança já tem a capacidade de simbolizar invocando, por meio da brincadeira, objetos e pessoas ausentes, recriando situações vividas e experimentando novos papéis. Enquanto brinca, a criança pensa sobre o mundo, apreende costumes e hábitos e elabora fatos vividos.

Além das brincadeiras de casinha, escola, médico, pensamos ser também interessante oferecer novos elementos para o repertório de brincadeiras infantis, apresentar a elas elementos mais distantes de sua realidade próxima, que podem fasciná-las justamente por apresentarem novos contextos e realidades.

Assim, pensamos a vida no circo. Além do espetáculo propriamente dito e em si exuberante para os pequenos, há também muitas novidades para as crianças, como o jeito nômade de viver, passando por diferentes lugares, as profissões tão diversas e a história em torno do circo.

Como colaborar em casa

O tema desta unidade traz um universo muito encantador para as crianças e os adultos: o circo.

Durante o estudo, conversem com seu filho ou filha sobre esse assunto. Se já tiveram a oportunidade de assistir a um espetáculo circense, contem sobre como era o circo, seu nome, de que mais gostaram, se acharam divertido, emocionante, enfim, compartilhem suas experiências com a criança. Se for possível, levem-na para assistir a um espetáculo circense, ou aluguem espetáculos em DVD para assistirem juntos em casa. Esse pode ser um ótimo programa de fim de semana. Mais divertido ainda pode ser brincar de circo. Brinquem com a criança de testar suas habilidades como equilibrista, malabarista, contorcionista, palhaço etc.

Assim, além de curtir bons momentos na companhia de seu filho ou filha, vocês estarão contribuindo significativamente para ampliar seus saberes acerca desse tema de estudo.

UNIDADE 6 — O pomar

Nesta unidade pretendemos ampliar os conhecimentos das crianças acerca da variedade de frutas, plantas e flores que existem e sobre os cuidados necessários para seu desenvolvimento.

Para tanto, as atividades sugeridas, além de instigar o interesse das crianças, trazem informações e curiosidades a respeito desses assuntos.

Entre outras propostas, o grupo será convidado a realizar um experimento científico e a utilizar os procedimentos de observação e registro.

Como colaborar em casa

O estudo sobre alimentos – neste caso, sobre as frutas – traz uma ótima oportunidade para a construção de hábitos mais saudáveis de alimentação.

Aproveitem o contexto da unidade para folhear as páginas do livro e perguntar quais frutas seu filho ou filha conhece, quais já provou. Se for possível, peça que as experimente. Combinem com o professor e preparem um prato com frutas para presentear o grupo. Essas pequenas ações incentivam as crianças a experimentar diferentes frutas.

Se tiverem árvores frutíferas, plantas ou flores em casa, separem sementes que possam ser replantadas e convidem seu filho ou filha para cultivá-las e depois cuidar delas e acompanhar seu crescimento. Essa sensibilização é importante, sobretudo em nosso tempo, em que a consciência ecológica é um assunto de destaque mundial.

UNIDADE 7 — Filhotes

Esta unidade pretende ampliar o que as crianças sabem sobre animais de diferentes espécies, convidando-as a pensar sobre suas características e seus hábitos.

A escolha do tema justifica-se pelo fato de as crianças pequenas se encantarem pelos filhotes. Além disso, pensar a relação mãe-filhote é algo muito pertinente nessa faixa etária, pois permite que estabeleçam relações entre os diferentes animais e entre eles e os seres humanos.

As conversas sugeridas no decorrer dos estudos também têm o propósito de ajudá-las a desenvolver uma atitude de respeito e cuidado com os animais.

Como colaborar em casa

As crianças, em geral, amam conversar sobre animais e principalmente sobre filhotes.

Perguntem a seu filho ou filha sobre qual animal está estudando e continuem as conversas em casa, ajudando-o a ampliar o que sabe.

Se tiverem acesso a enciclopédias ou à internet, convidem a criança a buscar informações nesses meios. Outra ideia é assistir a documentários sobre a vida animal. Além de poder ser prazeroso para toda a família, esse programa é bastante instrutivo.

Se tiverem animais de estimação em casa, envolvam a criança nos cuidados diários, deem a ela tarefas que possa realizar sozinha e outras que realize com a ajuda de um adulto. Assim ela poderá, progressivamente, apropriar-se de atitudes de cuidado com os animais.

| **UNIDADE 8** | Gosto de aprender |

Nas atividades desta unidade as crianças terão a oportunidade de retomar alguns conteúdos estudados ao longo do ano, como cores, figuras planas, vida animal etc.

Diferente das demais unidades, esta não tem um tema específico; ela traz assuntos diversificados, todos voltados à ampliação do conhecimento do mundo e da cultura socialmente construída.

Como colaborar em casa

Como pudemos ver, a unidade 8 trata de temas diversificados. Por isso, mais do que nunca, é importante dar espaço para que seu filho ou filha conte sobre o que está estudando.

No decorrer dos estudos, as crianças serão convidadas a observar imagens de paisagens diversas, a descrevê-las e observar formas e cores que conseguem perceber nessas observações. Essa atividade também pode ser feita em outros momentos, numa visita ao parque, à praça ou mesmo dentro de casa. Criem situações de brincadeira, convidando a criança a encontrar objetos de determinada forma (circulares, retangulares, quadrados etc.), ou deem pistas de localizações de determinado objeto para que tentem encontrá-lo: "Está em cima da estante, ao lado do controle remoto" etc.

Chamem a atenção de seu filho ou filha para as coisas que já consegue fazer sozinho e ajudem-no a estabelecer relações com as coisas que fazia no início do ano, a perceber quanto aprendeu, quanto cresceu. Essa é uma conversa deliciosa, e as crianças se sentem muito valorizadas quando percebem que as pessoas as consideram crescidas e sabidas.

❸ Caderno de trabalho pessoal

Esse caderno contém uma série de atividades e passatempos que a criança poderá fazer livremente, na forma e na ordem que desejar. A critério do professor, pode ser também usado em atividades orientadas.

A maneira como as atividades devem ser feitas é indicada por meio de símbolos, identificados em uma legenda de fácil entendimento para vocês e a criança. Nosso objetivo é que os pequenos possam usufruir esse material como fazíamos com nossos passatempos de antigamente: em momentos livres na escola ou em casa.

De maneira geral, o caderno traz uma série de atividades gráficas, que muitas vezes fazem alusão aos temas estudados ao longo do ano. A intenção, em qualquer uma das atividades, é manter um aspecto lúdico, para que a criança possa unir o conhecimento à brincadeira.

Em todo o caderno, houve a preocupação de selecionar imagens de qualidade para os pequenos, que os estimulassem visualmente e também fossem referências interessantes para o repertório de imagens deles. Para um melhor aproveitamento desse e de outros materiais, reiteramos a importância de que escola e família contribuam conjuntamente para seu uso.

O conjunto de materiais para o professor

❶ Guia para o professor

Acreditamos que a qualidade de um material didático também envolve aspectos relativos à formação do professor. Do nosso ponto de vista, quanto mais um professor estiver informado sobre as concepções que embasam a elaboração das unidades e suas atividades, maior será seu entendimento e sua autonomia em sala de aula.

O professor é ativo em sala de aula e precisa saber por que e como uma atividade se insere em seu cotidiano. Defendemos que ele não deve se limitar a executar uma atividade apresentada em um material didático. Além de fornecer orientações sobre as atividades, dando dicas de como apresentá-las às crianças, o guia traz trechos importantes de textos referenciais para a concepção pedagógica adotada neste material.

❷ Livro de histórias

Quem tem medo do Lobo Mau?

Os três porquinhos, *Chapeuzinho Vermelho* e *O lobo e os três cabritinhos* são histórias muito apreciadas por pequenos leitores, com um eixo comum, definido pela presença do Lobo Mau. Agradam muito às crianças pela relação que têm com o faz de conta e a fantasia, muito intensos nessa faixa etária.

Isso contribui para que os pequenos leitores estabeleçam relações entre essas histórias, pensando nas diferenças e semelhanças em seus enredos ou nas características das personagens. Acreditamos que esse é um passo importante no processo de formação de leitores. O livro tem ainda belas ilustrações, que possibilitam maior encantamento e uma aproximação com o mundo das letras pela leitura visual.

O acréscimo de um livro de histórias ao material busca reforçar a importância da leitura e das histórias para os pequenos. À medida que lemos com as crianças ou lemos nossos livros, jornais ou outros textos na presença delas, mostramos a importância da leitura em nossa vida. A leitura de histórias também nos aproxima afetivamente das crianças, pela escolha dos livros que achamos que elas gostariam de ler, pela entonação da voz e pela oportunidade de estar juntos. Quanto mais histórias e textos as crianças conhecerem e lerem, mais repertório terão em suas leituras futuras.

❸ Jogos cooperativos

A inclusão dos jogos cooperativos *Eu quero a minha mãe!* e *Hoje tem espetáculo!* no material do professor deve-se à importância do lúdico na Educação Infantil e à relação que este pode ter com o conhecimento.

Nessa modalidade de jogos pouco difundida no Brasil, mas bastante popular nos países europeus, todos os participantes são convidados a experimentar a cooperação em seu processo.

Brincando, os jogadores se unem para enfrentar um adversário simbólico, que é uma personagem ou uma situação dada pelo próprio jogo. É um jogo de cooperação entre os participantes e de competição com o tabuleiro. Ou todos ganham ou todos perdem do tabuleiro. Tanto na vitória como na derrota, todos estão juntos.